Günter Sehrbrock

Dönekes aus dem Münsterland

Alte Steinbrücke über die Aa, Zugang zum Hofe Isfort.
Badestelle unserer Jugendzeit.
Zeichnung: Günter Sehrbrock, 1939.

Dönekes aus dem Münsterland

Erlebt, erlauscht und nacherzählt
von
Günter Sehrbrock

agenda Verlag
Münster
2022

Mit Dank an Elke Linke und Andreas Raub, die bei der Entstehung des Buches behilflich waren.

Bibliografische Information der Deutschen Nationalbibliothek
Die Deutsche Nationalbibliothek verzeichnet diese Publikation in der Deutschen Nationalbibliografie; detaillierte bibliografische Daten sind im Internet über http://dnb.dnb.de abrufbar.

Drubbel 4, D-48143 Münster
Tel. +49-(0)251-799610
info@agenda-verlag.de, www.agenda-verlag.de

Bilder: Günter Sehrbrock und Andreas Raub

Druck und Bindung: TOTEM, Inowroclaw, Polen

ISBN 978-3-89688-750-4

Inhalt

Hallo Freunde,

die nachstehenden Geschichten sind nicht erfunden, sondern wirklich erlebt. Alle Namen sind fiktiv. Ich möchte euch hiermit ein Andenken an mich überlassen.

Viel Freude beim Lesen wünscht euch

euer Günter

Der Aufsatz

Der Zweite Weltkrieg war ausgebrochen und Lehrer Leimann beauftragte seine Zöglinge einen Aufsatz über diesen – mit eigenen Gedanken – zu schreiben.

Für Zehn- bis Vierzehnjährige keine leichte Aufgabe. Ein besonders schöner soll hier wiedergegeben werden:

Der Krieg

Am 1.September erklärte Deutschland den Polen den Krieg. Er war aber gar nicht so schlimm, weil er nach 18 Tagen schon zu Ende war.

Otto Messmann

Religionsunterricht

Franz, noch heute darüber sehr empört, erzählte folgende Begebenheit:

Im Dritten Reich wurde der Religionsunterricht in den Schulen verboten, welchen für uns ab da Rektor Pfarrer Johannes Vormann übernahm und diesen in der Dorfkirche uns beizubringen versuchte.

Als Otto mal einen rabenschwarzen Tag hatte – er konnte zuerst seine Aufgaben nicht hersagen und fiel dann noch zweimal wegen geistiger Abwesenheit auf – überfiel ihn das Himmelsgewitter in Gestalt unseres Rektors: „Otto, du bist doch der Dümmste hier in der Kirche und nicht nur das, du bist ja auch ein uneheliches Kind!“ (Was Otto bis dahin noch nicht wusste, wir anderen Kinder auch nicht). Vormann, bis in die Haarspitzen wütend, sprach jedoch so undeutlich, dass Franz statt unehelich unehrlich verstand. Jetzt war Franz jedoch geladen und er sagte für sich: „Das ist aber nicht wahr, unehrlich war Otto noch nie.“

Die Sache hatte Franz so empört, dass er sie lange nicht vergaß und sie nach 60 Jahren noch einmal zu Gehör brachte.

Es war ja auch beileibe keine Kirchenmanns-Tat.

Entlassungsunterricht

Zu meiner Zeit waren die Erwachsenen der Meinung, ihren Kinder vor der Entlassung aus der Volksschule vom zuständigen Geistlichen ihre Herkunft erklären zu lassen. Auch ich kam im Spätwinter 1940 in diesen Genuss. Wir, die achte Klasse der Mädchen und unsere achte Jungenklasse, trafen uns an einem Nachmittag um 15 Uhr in der Dorfkirche, um hier von Dr. Vormann alles Wichtige über unsere Entstehung zu erfahren.

Die Mädchen links, die Knaben rechts – wie wir es schon täglich und jahrelang in der Schulmesse gewohnt waren – saßen wir voller Spannung vor unserem Rektor.

„Also, wir wollen heute darüber sprechen, wo wir Menschen nach Gottes Willen herkommen. Ganz wichtig und ohne das geht es nicht, muss vor der Geburt eines Kindes eine Frau und ein Mann in den Stand der Ehe treten.

Nun zu der Menschenwerdung selbst. Ihr seid alle Kinder vom Land und habt schon oft die Bienen von einer Apfelblüte zur anderen fliegen sehen. Hierbei tragen die kleinen Tiere den Blütenstaub von einer Blüte zur nächsten und siehe da, schon bald bilden sich aus der Blüte kleine, grüne Äpfel. Jetzt stellt euch vor, dass es bei der Bildung des kleinen Menschen ähnlich vorgeht. Nun lasst uns dafür beten, dass eure späteren Kinder, wie auch wir, im rechten Glauben heranwachsen können!"

Nach dieser geistlichen Aufklärung, draußen vor der Kirche stehend, fragte mich Hannelore: „Günter, hast du das kapiert? Wenn ich nicht genau wüsste, wie die Kinder gemacht werden, dann würde ich also von Mann zu Mann fliegen müssen, um ein Kind zu bekommen. Nein, danke … darauf kann ich verzichten. Einer genügt mir bestimmt später dazu.“ Die Ratlosigkeit in unseren Gesichtern wich durch Hannelores Äußerung und machte bei allen für ein breites Grinsen Platz.

Der „Schwarzbunte Pastor"

Pastor war er eigentlich nicht, er war seines Zeichens nach nur Rektor. Die Rede ist von unserem Dr. Vormann, dem Geistlichen unserer Gemeinde.

Er war das, was man einen schlauen Mann nannte: Äußerst willensstark und in allen Sätteln gerecht. Dies bewies er oft und nicht immer zur Freude seiner ihm anvertrauten Schäfchen. Morgens, nach der Lesung der heiligen Messe und nach Erledigung seines Breviers, saß er zum zweiten Frühstück in der Gaststätte Keller, gegenüber der Kirche, in seinem bequemen Sessel, am Sommers kalten und Winters wärmestrahlenden Herdfeuer. Sein Silberkrückenstock und seine lange Hängepiepe dabei stets zur Hand.

Hatte einer der Dörfler ein Problem oder wollte er auch nur ein Schwätzchen halten, dann begab er sich zu dieser Zeit in Kellers Gasthaus, wo er zum Hinsetzen am Kamintisch von Dr. Vormann aufgefordert wurde, vorausgesetzt, der Doktor hielt ihn für einen würdigen Gesprächspartner. Bei diesen Sitzungen erfuhr unser Rektor all das Neue, was in seiner Gemeinde geschah.

Hier am Feuer brütete er so manches Ei aus, stets zum Wohle seiner Gläubigen, wie er meinte. Hier reifte auch seine Idee mit dem schwarzbunten Rindvieh. Er vertrat danach die Meinung, dass die schwarzbunte Kuh ertragsreicher als die bisher ansässige rotbunte Milcherzeugerin sei und was er meinte, das war auch unbedingt richtig. Somit verordnete er seinen Landwirten die „Schwarzbunte“. Eines Tages stand an der Laderampe unseres Bahnhofs ein Viehtransporter und wartete auf seine Entladung. Die Fracht bestand nur aus einer einzigen Viehart, eben diesen schwarzbunt gefleckten Rindern.

Jeder acker- und viehzuchtbetreibende Bauer hatte sich seine für ihn bestimmte Kuh abzuholen und ab da grasten friedlich die alteingesessenen Rotweißen mit den zugereisten Schwarzweißen gemeinsam auf den Wiesen. Es sei vorausgeschickt, dass alle bis auf einen, der Bauer Keilmann, im Verlauf der nächsten Jahre die Schwarzbunten wieder abschafften. Schon Jahre bevor die Landwirtschaft aufgrund der Erweiterung der Großstadt vollends aufgegeben wurde.

Übrig blieb von dieser Aktion nur noch der Name: „Der schwarzbunte Pastor.“

Kleibuschs Kuh

Händeringend und mit tränennassem Gesicht stand eines Tages Mama Kleibusch vor unserem Rektor Vormann. Ihre starke, rundliche Figur bebte vom Scheitel bis zur Sohle als sie ihm ihr Leid klagte: „Lieber Herr Pastor, Sie sehen hier vor Ihnen eine leidgeprüfte Frau stehen. Was soll ich nur machen? Wie soll ich meine vierzehn Kinder nur satt kriegen? Au, au, au was mach ich bloß, sagen Sie mir bitte, wie es weitergehen soll?“ Und hätte Vorholt sie nicht unterbrochen, dann hätte die Kleibusch noch lange so weiter herumlamentiert.

„Nun, nun Frau Kleibusch, was ist denn nur mit Ihnen los? Ist was mit Ihrem Mann, doch wohl nichts Ernstes?“

„Nein, mit meinem Ollen ist nichts, es ist viel schlimmer. Als ich früh morgens in den Stall komme, was meinen Sie, was ich da sehen muss? O nein, o nein, dass das auch mir passieren muss“, fing sie wieder an zu jammern. „Also, ich komme in den Stall und da seh ich unsere Emma, unsere Kuh, tot auf dem Stroh liegen. Mausetot … unsere einzige Milchgeberin. Jetzt sagen Sie mir, lieber Herr Rektor, was ich nun machen soll, um meine vierzehn Blagen satt zu kriegen?“

Der Geistliche setzte seine ernsteste Miene auf, räusperte sich und begann strengsten Tones: „Tja, Frau Kleibusch, warum haben Sie auch so viele Kinder in die Welt gesetzt? Mehr als ein Dutzend … die Hälfte hätte es auch getan, um unserem Herrgott wohlgefällig zu sein. Jetzt ist es zu spät und sie stehen da ohne Kuh und wollen von mir wissen, wie es weitergehen soll!“ Das mit der halben Kinderschar hätte er besser nicht gesagt, denn Frau Kleibusch staunte nicht schlecht über diese Ansprache. Hatte man ihr und ihrem Jupp beim Brautunterricht doch gesagt: Wachset und vermehret euch, kein Beischlaf, ohne den Willen Kinder zu erzeugen … und jetzt dieser Vorwurf über ihre Kinderzahl. Ja, wenn die Gefühle beim Machen und beim Kriegen der Kinder umgekehrt wären, ja dann hätten sie auch weniger von der Sorte.

Als Vormann seine Strafpredigt los war, es war schon immer seine Art, vor einer Hilfeleistung seine Strenge zu zeigen, schickte er Frau Kleibusch mit den Worten nach Hause: „Jetzt gehen Sie erst einmal zu Ihrer Familie zurück und mit Gottes Beistand und mit dem, was ich dazu tun kann, wird Ihnen und Ihren Kindern geholfen werden."

Am Nachmittag machte sich der Doktor zum Krumbachhof auf, um von hier die versprochene Gotteshilfe zu starten: „Hallo Ludwig, heute komme ich zu Dir, um Dich zu einem guten Werk zu veranlassen, einem Werk zum Lobe unseres Herrn", so sprechend trat er zum Hofbauern, welcher gerade an der Dielentür stand als Vormann den Hof betrat. „Guten Tag, Herr Pfarrer, was haben Sie denn auf der Seele?", fragte Ludwig und aus Erfahrung, nichts Gutes ahnend.

„Ja, Ludwig, lass uns mal in deinen Kuhstall gehen und dort werde ich dir erklären, was anliegt", antwortete Vormann.

Im Stall ließ er seine Augen über die in einer Reihe stehenden Rinder gleiten, deutete auf eine stramme, junge Rotbunte und sagte: „Diese da, die bringst Du gleich mal Frau Kleibusch. Der ist ihre einzige Kuh eingegangen und nun braucht sie Ersatz, um wenigstens Milch für ihre vielen Kindermäuler zu haben." Dann drückte er Ludwigs Hand und mit Gottes Dank und Gruß stapfte er, auf seinen Stock gestützt, davon.

Die Kuh stand schon am gleichen Abend in Kleibuschs Stall. Das Gejammer Mutter Kleibuschs hatte also geholfen. Als viel später, bei einer Begegnung am Kellerschen Herdfeuer, Bauer Krumbach Dr. Vormann nach der Bezahlung seiner Kuh fragte, entgegnete dieser: „Also Ludwig, unser Herrgott fragt auch nicht nach Bezahlung seiner guten Taten." Die Angelegenheit war damit erledigt.

Der schiefe Engel

Fünfmal etwas größere und mal etwas kleinere Bauernhöfe und ein sogenannter Kotten bildeten ein Dorf, welches inmitten von Wallhecken begrenzten Feldern stand. Nachfolgende Geschichte trug sich eben in diesem Dorf zu.

Es lag unweit unserer Regierungsstadt. Es war die erste Zeit nach dem Zweiten Weltkrieg. Die Dorfkinder, im Durchschnitt fünfmal so viel wie es Häuser gab, spielten, soweit sie überhaupt Zeit dazu hatten, gemeinsam auf den Höfen, Wiesen, Hecken und Wäldern der Ansiedlung. So blieb es nicht aus, dass die jungen Leute zu Freierszeit oft nicht weit herum suchten, sondern ihren Ehepartner im Nachbarhaus fanden. So auch Jupp, der Älteste von sieben Kindern des Sandhofes. Sehr zum Ärger seiner Eltern hatte er sich gerade in die Elisabeth, die zweite Kötterstochter, verliebt. Er nannte sie Zeit seines Lebens: seinen Engel. Trotz aller Widerstände sah man die beiden eines Tages vor dem Altar der Nienberger Kirche stehen, um sich das Jawort zu geben. Im Laufe der Zeit, zumindest für die Bewohner der großen Städte und davon besonders die im Ruhrrevier, wurde die Hungersnot immer größer. Viele tauschten damals ihre Wertgegenstände wie Schmuck – auch Eheringe – Kleider, Teppiche und Tafelsilber bei den Bauern des Münsterlandes gegen Kartoffeln, Gemüse und wenn man eine gutherzige Bäuerin antraf, auch gegen Speck, Fleisch und Eier ein.

Es dauerte nicht lange und in manchen Höfen lagen in den

guten Stuben der Landwirte die echten Perser übereinander, während die Füße der Revierbewohner auf blanken Bodendielen liefen. In den Monaten gegen Ende des Krieges – Münster hatte enorm unter Bomben der Amerikaner und Engländer gelitten und viele Wohnhäuser lagen in Schutt und Asche – wurden die wohnungslosen Stadtbewohner durch den Senat der Stadt, bei den umliegenden Bauern zwangseingewiesen. Nach Kriegsende kamen zu den schon Einquartierten noch Tausende aus den deutschen Ostgebieten. Zu diesen zählte die Kriegswitwe Frau Herzog mit ihren beiden Töchtern von acht und zehn Jahren. Alle drei kamen eines Tages mit ihrem Einweisungsnachweis auf dem Sandhof an. Frau Engel, gar nicht begeistert über den Zuzug der fremden Leute, wies Frau Herzog die alte Knechtekammer auf der Hille über dem Kuhstall an. Dieser Raum, zugig und ohne Wasser, war nun wirklich einer dreiköpfigen Familie unwürdig. Doch Frau Herzog war froh, nun endlich eine Bleibe zu haben, auch wenn sie und ihre Töchter zur Verrichtung ihrer Notdurft das Plumpsklo im Kuhstall aufsuchen mussten. Obwohl die Flüchtlinge hier mehr schlecht als recht lebten – Wasser gab es für sie nur an der Pumpe – war die junge Sandhofbäuerin stets darauf aus, die Fremden wieder los zu werden. Das Ereignis, welches Jupps Engel den Beinamen „Die Schiefe“ einbrachte, erfolgte in der Zeit, in der Frau Herzog und ihre Kinder auf dem Sandhof wohnten oder besser gesagt hausten.

Agnes, die Bäuerin, versteckte alles Essbare vor der Frau aus der Hille. Gab es mal Kuchen oder sonst etwas Besonderes, dann wurde dieses heimlich von ihr oder ihrem Jupp in der guten Stube verzehrt, die Stube, welche für die „Hillefrau“ tabu war. An das Abgeben von diesen Speisen an die darbende Frau und ihre stets hungrigen Mädchen dachte die Bäuerin nie.

Bevor die Milch zur Molkerei abgegeben wurde, schöpfte sie einen Teil der Sahne ab, um davon im Verborgenen Butter zu machen. Hatte sich genug Rahm angesammelt, wurde er von Agnes in das Butterfass gegeben und mit diesem verschwand sie, um von niemand beobachtet zu werden, auf dem Heuboden, um dort zu buttern.

Eines Tages, sie hatte es besonders eilig, denn bald musste die Fremde – wie Frau Herzog von Agnes genannt wurde – von einem Ausgang zurückkommen, nahm das Schicksal seinen Lauf. Das Sitzbrett auf dem Heuboden lag wohl nicht richtig fest und von den Stampfbewegungen, welche beim Buttern entstanden, rutschte es vom Bock und Agnes fiel mit Brett und Butterfass durch die Bodenluke auf den Tennenboden. Der Sturz aus sechs Meter Höhe blieb nicht ohne Folgen. Mit etlichen Knochenbrüchen kam der Engel ins Clemenshospital. Als die Bäuerin nach vielen Wochen aus dem Krankenhaus zurückkam, war die Höhe ihrer beiden Schultern erheblich verschieden und ihr Kopf ruhte ständig schief auf der abgesenkten Schulterpartie. Agnes war verkrüppelt.

Zu dem Körperschaden kam noch der Spott der Nachbarn, welche sie ab da den „Schiefen Engel“ nannten.

War der Unfall gar eine Strafe für ihren Geiz? Bald nach der Rückkehr der Sandhofbäuerin konnte Frau Herzog mit ihren Töchtern den Hof und den „Schiefen Engel“ verlassen. Sie bekam eine Wohnung zugewiesen.

Münsterländisches Fensterln

In meinem Dorf gibt es zwei Vereine: den Schützenverein und die Freiwillige Feuerwehr. Obwohl man die Feuerwehr nicht unbedingt als Verein bezeichnen kann, ist sie doch zum Löschen der Brände da, gleicht das, was die Feuerwehrleute sich sonst so leisteten, eher einem Vereinsgebahren. Was ich hier erzähle, behandelt eine der vielen Unternehmungen unserer stets zu Streichen aufgelegten „Blaujacken" im dritten Jahr nach dem letzten Krieg.

Es war mal wieder ein Probealarm angesagt. Bei diesen Scheineinsätzen wurde das schnelle Erscheinen der Wehrmänner und die Einsatzfähigkeit der Löschgeräte – sie stammten noch aus einer Zeit weit vor dem Krieg – überprüft.

Dauerten die Pflichten gewöhnlich eine Stunde, dann wurde für das gemütliche Zusammensein oft die Zeit bis Mitternacht verbraucht. Nach einem dieser Übungseinsätze und nach dem Löschen der brennenden Kehle blieben, wie meistens, ein paar noch bei weiteren Gläsern Bier sitzen: zwei Ehemänner, Nachbarn und Bauern ihres Zeichens, und zwei der für jeden Streich guten, listigen Junggesellen – obwohl über dreißig, hatten es diese beiden bis jetzt verstanden, den Fangnetzen der heiratswilligen Mädchen unseres Dorfes zu entgehen – um über dies und das zu reden. Somit kam auch die Rede auf die Magd Grete vom Wassingshof, ein Mädchen, welches den beiden Junggesellen schon manches Mal zu Freude verholfen hatte.

Diese Grete hatte ihr Zimmer zu ebener Erde und zum Schutze ihrer Jungfräulichkeit hatte der Bauer vor dem Fenster einen kräftigen Blendladen anbringen lassen. Nur Eingeweihte wussten, dass Grete nicht gern allein im Bett lag und zur nächtlichen Stunde an den Laden klopfenden Freiern das Fenster öffnete.

Heinrich, der Bauer von nebenan, einer der beiden noch zechenden Ehemänner, wollte den Aussagen seiner Kameraden über die kräftigen Oberschenkel der Magd seines Nachbarn keinen Glauben schenken. Als er zum wiederholten Mal sein geschlucktes Bier in den Hof brachte, vereinbarten die drei anderen, Heinrich den rechten Glauben an Gretes Sinnesfreuden beizubringen. Es wurde, wie immer, wenn etwas ausgeheckt wurde, eine Wette abgeschlossen. Der Verlierer – Heinrich oder die Kollegen – sollten beim nächsten Übungsalarm die Zeche des Gewinners bezahlen. Handschlag drauf und auf leisen Sohlen schlichen die Vier zum Wassingshof.

Tönne, der Junggeselle mit den größten Erfahrungen bei Grete, vorweg. Ganz, ganz leise öffnete er das Gartentor und ging zielsicher zum Fensterladen, welcher zum Magdzimmer gehörte.

„So, Heinrich, jetzt klopfst du hier an und wenn Grete sich meldet, dann sagst du ihr, du wolltest dich in ihrem Bett etwas anwärmen.“ Heinrich war sich seiner Sache eigentlich vollkommen sicher. Er rechnete nicht damit, dass sich Grete melden würde und schon gar nicht damit, dass sie ihr Fenster öffnete. Er hatte jedoch nicht mit der Willigkeit der Magd gerechnet. Nachdem er klopfte und die Grete Fenster und Laden öffnete, stand Heinrich völlig verdattert da.

Diese Schreckenssekunde nutzten Tönne und Hubert, der zweite Junggeselle, um Heinrich anzuheben und kopfüber in Gretes Zimmer zu stürzen. Dann warfen sie den Blendladen zu und alle drei legten sich mit dem Gewicht dagegen. Heinrich war im Mägdezimmer gefangen und wurde erst nach Zusage von drei Flaschen Doppelkorn aus dem Freudenzimmer entlassen.

Heinrich war wohl der letzte Feuerwehrmann unseres Dorfes, der nicht von den nächtlichen Umtrieben im Mägdezimmer seines Nachbarn wusste. Jetzt wissen es alle, doch niemand außer Grete weiß, wie oft die einzelnen Besucher vor dem Fenster standen.

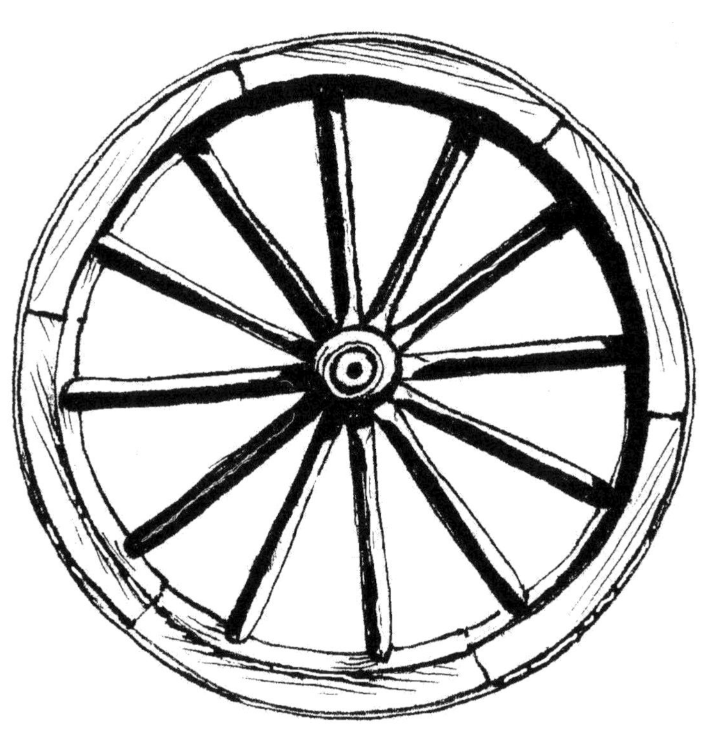

Die Wette

Hans und Wilhelm, zwei Kaufleute, der eine handelte mit Maschinenteilen und der andere mästete Bullen und verdiente damit sein Geld, befanden sich mit ihrem Kegelclub in Altenahr. Wie immer auf solchen Fahrten und dann noch ohne eheliche Aufsicht, stand der Genuss von alkoholischen Getränken im Mittelpunkt des Tages oder vielmehr der Abend- und Nachtstunden.

Es war noch früh am Abend als die beiden in einer Straußwirtschaft auf einen Teil eines weiblichen Kegelclubs trafen. Man kam miteinander ins Gespräch: „Wo kommt ihr denn her?“ „Aus Münster, und ihr?“, fragten die Männer die holde Weiblichkeit. „Aus Berlin, das kann man doch wohl hören.“

Nachdem man gemeinsam ein paar Viertel getrunken hatte, meinte Hans unbedingt einen Schnaps trinken zu müssen. Während Wilhelm dem zustimmte, lehnten die Berlinerinnen dankend ab: „Schnaps kommt für uns nicht in Frage!“

Gemeinsam am Pinkelbecken stehend, sagte Hans: „Das wäre doch gelacht, wenn ich die Weibsen nicht dazu bringe, wenigstens einen kleinen Schnaps mit uns zu trinken.“

„Das schaffst du nie“, entgegnete Wilhelm.

„Was, das soll ich nicht erreichen! Was gilt die Wette, wenn ich es doch hinkriege?“

„Gelingt es dir, dann bekommst du von mir einen Bullen.“

Wie es Hans nun geschafft hat, die Damen zu bewegen, doch noch einen Schluck Feuerwasser mit ihnen zu trinken, bleibt sein Geheimnis. Er gewann die Wette und somit den Bullen.

Wilhelm wollte jedoch nicht so schnell sein Tier loswerden und stellte noch eine Bedingung zur Übergabe des Bullen. „Du bekommst ihn nur, wenn du es schaffst, ihn in unser Schlafzimmer zu bringen. Dort soll dann die Übergabe erfolgen." Hans nahm auch diese Bedingung an. Wilhelm hätte wissen müssen, dass Hans zu der Spezies der „Hans in allen Gassen", zählte.

Wieder daheim wurde das in Frage kommende Tier – es wog an die sechs Zentner – besichtigt. Hans verpflichtete sich, am kommenden Sonntag den Bullen in Wilhelms Eheschlafzimmer zu präsentieren.

Bis jetzt war ja alles nur Theorie und Wilhelm sich vollkommen sicher, seinen Bullen nicht abgeben zu müssen. Hans, ein führender Mann unserer Freiwilligen Feuerwehr, hatte in seinem Quadratschädel schon längst einen Plan reifen lassen. Um diesen ausführen zu können, fanden sich schnell ein paar Kollegen, welche bei diesem Spaß behilflich sein wollten. Aus dem Bestand der Feuerwehr wurde ein Tragegurt entliehen. Dazu kam noch der Kran eines Hans' bekannten Geschäftsmannes. Alles wurde in den frühen Morgenstunden auf Wilhelms Hof, wo auch der Bulle Tags vorher hingebracht worden war, gefahren.

Als der Sonntag heraufdämmerte, so gegen sechs Uhr, stand das Riesenvieh, mit einem Tuch vor den Augen und den Gurt um den Bauch gelegt, unter dem offenen Schlafzimmerfenster von Wilhelm. Die Gurtschlaufen wurden an den Haken des Krans befestigt und mit der Handkurbel – acht kräftige Fäuste waren dazu nötig – wurde das Rindvieh angehoben und still und leise bis zum Fenster hochgedreht. Hans stand auf einer Leiter und dirigierte den Kopf des Tieres in den Fensterrahmen. Nach Entfernen des Tuches von den Augen des Bullen, fing dieser wütend, vielleicht auch ängstlich, zu brüllen an. Wilhelm und seine Frau Gerda fuhren ob des Lärms aus den Bettfedern hoch und sahen den Bullen mit blutunterlaufenen Augen in ihr Zimmer schauen. Hans wäre beim Anblick der entsetzten Gesichter vor Lachen bald von der Leiter gefallen, konnte sich jedoch im letzten Moment noch am Fensterrahmen festhalten.

„Na, Wilhelm, das hättest du dir beim besten Willen nicht vorstellen können, dass ich den Bullen bis in dein Schlafzimmer bringe." Ob der vielen Mühe, welche Hans sich gemacht hatte, konnte Wilhelm die Herausgabe des Rindviehs nicht mehr verwehren.

Es muss schon ein äußerst seltsames Bild gewesen sein, zwei nachthemdbekleidete Gestalten, ein grinsender Mann auf einer Leiter und dazwischen ein mächtiger Bullenkopf! Dem Tier passierte letzten Endes nichts. Hans erklärte sich mit einem Freiessen und Freibier für die ganze Feuerwehrmannschaft unseres münsterschen Vorortes einverstanden. Gelacht hat noch lange Zeit die Dorfbevölkerung, wenn diese Wette mal wieder zur Sprache kam.

Die Schwarzbrenner

Es war im späten Herbst des Jahres 1945, also ein paar Monate nach Kriegsende. Das Leben verlief für die meisten Bürger unseres Dorfes schon fast wieder normal. Wenn ich normal sage, dann meine ich die Dorfbewohner, welche von der Landwirtschaft lebten oder Handwerker waren. Hubert, Wilhelm und Josef saßen nach einer Feuerwehrübung mal wieder als Letzte am Stammtisch in Kümpchens-Krug. Außer Dünnbier, Vollbier, gelegentlich ein Schnaps war selten, gab es nichts zu trinken.

„Mit diesem Pinkelwasser soll nun ein Mann wie ich auf die Mama kommen", beschwerte sich Jupp. Dieser Äußerung stimmten die beiden anderen gelangweilt zu.

„Wenn man wenigstens genug Schabau hätte und man könnte sich so ab und zu einen mächtigen Rausch antüdeln, dann ginge es uns bestimmt viel besser", gab Wilhelm von sich. Plötzlich nahm Hubert seine Nase aus dem Dünnbierglas, schaute seine Freunde pfiffig an und meinte: „Was haltet ihr davon, wenn wir unseren Schnaps selbst brennen?"

„Ja, das wäre mal etwas anderes", meinten die beiden zu Huberts Vorschlag. „Weißt du denn überhaupt, wie das Brennen gemacht wird?", fragte Wilhelm.

„Das kann doch nicht so schwer sein, überall wird doch jetzt Schnaps gebrannt. Also … wir brauchen einen Kessel, ein paar dünne Rohre oder Schläuche, dann einen Raum, in welchem wir ungestört hantieren können mit einer Gelegenheit, Feuer unter dem Kessel machen zu können. Und natürlich das Wichtigste: die Rohstoffe, Korn und Kartoffel.

Dann mit Gottes oder des Teufels Hilfe wäre es doch gelacht, wenn wir nicht bald schon jede Menge Schnaps für uns und zum Verhandeln hätten."

„Einen Kessel kann ich besorgen. Ich glaube, es steht noch ein alter, aber gut erhaltener Waschkessel neben unserem Bootshaus an der Werse. In meiner Werkstatt bringe ich an den Ablaufhahn einen kurzen Schlauch und nach Präparierung des Deckels ist der Brennapparat fertig", äußerte sich Wilhelm.

„Und du, Jupp, zweigst von eurem Kartoffelvorrat ein oder zwei Zentner ab, drückst diese durch euren Kartoffelquetscher. Du weißt, den ihr zum Zerkleinern eurer Schweinekartoffel braucht, bringst den Matsch in einem Fass mit, etwas Zucker dazu, damit alles gut gären kann und versteckst es in irgendeiner Ecke eures Hofes", forderte Hubert den einzigen Bauernsohn unter den Dreien auf.

„Klingt soweit ja ganz einfach", sagte Wilhelm, „nur, wo können wir das Brennen bewerkstelligen, ohne aufzufallen? Das ist doch wohl klar, dass niemand davon etwas erfahren darf."

„Das machen wir in unserer Waschküche, in welcher jetzt die Stühle und Tische unserer Gartenwirtschaft untergebracht sind", sagte Hubert.

„Schwierig dabei ist nur mein alter Herr. Er als Gastwirt darf davon nichts mitbekommen. Wir müssen also alles nachts machen, wenn bei uns alles schläft. Also Hand drauf, wir starten baldmöglichst die Angelegenheit!" Jupp und Wilhelm schlugen in Huberts angebotene Hand. Die Rollen waren verteilt und nur der Ausführungstermin sollte noch festgelegt werden.

Sicher erst, nachdem die Kartoffeln ihren Gärungsprozess abgeschlossen hatten und der Kessel einsatzbereit war.

Nun war es endlich soweit und in der Nacht von Mittwoch auf Donnerstag, der Abend der Woche, an welchem der Gastwirt, Huberts Vater, immer früh schlafen ging, startete das Unternehmen. Schon gegen 23 Uhr brannte das Feuer unter dem mit der Kartoffelquetsche gefüllten Kessel. Der Deckel war mittels eines Kantholzes, welches mit dem einen Ende gegen die Decke und mit dem anderen Ende die Deckelabdeckung festklemmte, unverrückbar arretiert. Wilhelm heizte vom mitgebrachten Holz kräftig ein. Ab und zu drehte er den Auslaufhahn auf, um zu kontrollieren, ob nicht schon der Sprit zum Vorschein kam. Eine Zinkwanne sollte dann das Edle aufnehmen.

Es verging eine und noch eine Stunde und manche selbstgedrehte Zigarette von Jupps aufgezogenem Tabak war verqualmt, als plötzlich mit Riesenknall, trotz Abstützung, der Kesseldeckel in die Luft flog. Der größte Teil des kochenden Kartoffelbreies folgte ihm und das ganze Waschhaus stank nach brennendem Holz, Kartoffeln und, wie die drei meinten, auch nach Schnaps.

Für diese Nacht blieb nur alles schnell zu verräumen, den Kessel zu verstecken und das Zusammenkehren und Wegwischen des Kartoffelkrams. Im Wohnhaus hatte wohl keiner die Explosion gehört, es meldete sich niemand.

„Verdammt, verdammt, das war ja wohl nichts!“, meinte Hubert.

„Das war der erste Versuch, beim nächsten Mal klappt es

bestimmt. Wir müssen nur noch ein Ventil in den Deckel einbauen, damit der Überdruck entweichen kann", äußerte sich Wilhelm. Und was soll ich sagen, schon drei Wochen später saßen die drei Schwarzbrenner wieder um den brodelnden Kessel herum. Wegen der schlechten Erfahrung beim ersten Brennen, schreckten sie jedes Mal zusammen, wenn das Ventil mit lautem Zischen den Überdruck im Kessel freigab und endlich … es ging schon stark auf vier Uhr zu … tröpfelte der erste Sprit aus dem am Kran befestigten Schlauch. Die drei hätten gern einen Freudentanz vollführt, fürchteten jedoch, Huberts Familie damit zu wecken. Die erste Freude legte sich schon bald, denn der Schnaps wollte und wollte nicht ergiebiger fließen. „Wir müssen aufhören", sagte ärgerlich Hubert gegen fünf Uhr. „Mein alter Herr wird bald aufstehen." Und richtig, ging doch schon eine Lampe im Haus an.. „Jetzt nichts wie weg mit dem Kram, kippt alles in den Abfluss, löscht das Feuer und dann nichts wie weg hier!"

Stolz waren die Jungmänner auf ihre Ausbeute von gut vier Litern Hundertprozentigem. Als sie das Waschhaus unter Mitnahme des Kessels und dem Brennergebnis verließen, bekamen sie vor Schreck doch weiche Knie. Im Straßengraben Richtung Bach fließend, bewegte sich langsam die aus dem Hausabfluss kommende Kartoffelpampe und mit dem aufsteigenden Hitzedampf verbreitete sich starker Schnapsgeruch.

Gerade jetzt musste Milchbauer Küppers mit seinem mit klappernden, leeren Milchkannen beladenem Flachwagen vorbeikommen. Den Schnaps riechen und vor Freude auf seine Treckerhupe drücken, ging blitzschnell.

„Mensch, du Dussel, willst du das ganze Dorf wecken?“, fauchte Jupp ihn an.

„Nö, das will ich nicht, ich möchte nur etwas von eurem Sprit abhaben“, entgegnete der Milchmann. „Hier gibt es nichts zu verteilen, die ganze Sache war nur ein Versuch und wenn du unbedingt Schnaps haben willst, dann sauf das Grabenwasser, riechen tut es doch genug danach!“

Heraus kam die ganze Brennerei jedoch, weil noch stundenlang ein herrlicher Schnapsgeruch über dem Dorf lag. Die drei trösteten sich mit ihren vier Litern Sprit, welcher eins zu drei verdünnt noch zwölf Liter Schnaps ergaben. Dem Vernehmen nach wurde kein neuer Brennvorgang mehr unternommen.

Auf dem Hochsitz

Die Jäger und der Förster unserer näheren und weiteren Umgebung kamen des Öfteren zu einem Dämmerschoppen in das Jagdhaus, einer Gaststätte unseres Dorfes.

Auf einem Nachbargrundstück befand sich ein Reiterhof mit Stallungen für eigene, aber auch Gastpferde. Dem Stall war eine Reithalle angeschlossen. Bis auf einige Wenige aus dem Dorf, kam die Mehrheit der Reiter aus der nahen Stadt. Unter ihnen auch etliche Damen der guten, aber auch aus der sogenannten besseren Gesellschaft. Oft Neureiche, welche ihren Nachkriegswohlstand gern zur Schau stellten. Jeder meinte, er hätte das schönste Pferd und wäre der beste Reiter.

Unter ihnen befand sich auch die Frau eines großen Alteisenhändlers – vor dem Krieg noch als Lumpenhändler angesprochen – mit langem, blondgefärbtem Haar. Kam sie abends vom Ausritt in den Stall zurück, dann kehrte sie gerne für ein paar kurze Gläschen in das Jagdhaus ein. Sie hatte längst mit einigen Freirunden Kontakt zu den Waidmännern aufgenommen und hörte mit Andacht deren Jägerlatein zu. Hier war die Rede von Treibjagden mit großer Strecke, kapitalen Böcken, schweren Keilern und außergewöhnlichen Vorkommnissen im Revier.

Frau Abramschek kannte sich schon gut in der Jägersprache aus. Ihr größter Wunsch - von den Jägersleuten stets abgelehnt - war eine Teilnahme an einer Jagd.

An diesem Abend bot ihr der Revierförster Hummel an, sie mit auf den Hochsitz zu nehmen. „Sie wollen unbedingt eine

Treibjagd erleben, das ist nichts für sie. Aber ein paar Abendstunden auf dem Hochsitz mit Beobachtung der Tiere kann ich ihnen schon empfehlen. Treffen wir uns morgen nach ihrem Ausritt hier und bringen sie einen kräftigen Schluck Korn mit zum Erhalten unserer inneren Wärme und als eventuelles Zielwasser.“ Freudig stimmte Frau Abramschek zu.

Zu verabredeter Zeit des nächsten Tages zogen die beiden ins Revier und kletterten auf einen der Hummelschen Hochsitze. Lieber hätte Frau Abramschek ja mit dem feschen Jägersmann Knuthe hier gesessen. Doch es ging ihr ja um die Jagderfahrung und somit war ihr „Der Sperling in der Hand wertvoller als die Taube auf dem Dach“.

Jetzt saß sie mit der alten Schnapsdrossel Hummel auf einem Holzbrett und horchte mit ihm lautlos auf die Geräusche des Waldes. Was Frau Abramschek nicht wusste, war die Abmachung zwischen dem Förster und dem Bauer Sandgreve. Um alles echt aussehen zu lassen, sollte Letzterer in der Nähe des Hochsitzes das Grunzen und den Lärm einer Wildschweinfamilie nachmachen und Hummel ein paar Schüsse ins entgegengesetzte Gebüsch abgeben. Als Zugabe sollte Sandgreve eine Viertelstunde später das Röhren eines brünstigen Rehbocks erschallen lassen.

Wie vereinbart, wickelte sich alles ab: Wildschweinlärm und Rehbrüllen und das Abgeben mehrerer Schüsse … dann war alles wieder totenstill. „Ich glaube, gnädige Frau, wir können jetzt gefahrlos den Hochsitz verlassen.“ Im nahen Strauchwerk fanden die beiden das von Hummel vor zwei Tagen erlegte und von Sandgreve hergebrachte Wild, einen Jungkeiler und einen Rehbock. Frau Abramschek war, nachdem sich ihre Angst gelegt hatte, restlos begeistert. Hatte sie doch endlich eine mit Erfolg gekrönte Jagd erleben können!

Am nächsten Abend saß die ganze Jägerschaft wieder im Jagdhaus und feierte mit Frau Abramschek ihre Jagdteilnahme. Es gab Wildschweinbraten von besagtem Keiler. Alle durften so viel Bier und Korn trinken wie reinpasste und alles auf Rechnung von Frau Abramschek. Erfahren hatte sie nie, dass alles vom Förster Hummel und vom Bauern Sandgreve ausgeheckt worden war.

Der Bulle auf dem Heuboden

Hinnerk Himmel, der Altbauer, hatte in seinem 77. Lebensjahr … wie man so sagte … seinen Löffel abgegeben und dieses hatte er, zeitlebens nie ernstlich krank gewesen, ohne großes Getue erledigt. Er überraschte eines frühen Morgens seine Kinder mit seiner leblosen Hülle.

Nun saß alles auf der großen Tenne am langen Tisch bei Kaffee, Beerdigungskuchen und Kreisen der Doppelkornflasche. Es wurde des Verstorbenen gedacht, in dem man so manche Begebenheit aus seinem Leben zu Gehör brachte. Ein besonders schönes Döneken, von Nachbar Jupp Kampes vorgetragen, will ich hier erzählen: Hinnerk hatte es schon immer mit der Viehzucht und hier hatten es ihm besonders die Rinder angetan.

Im Gegensatz zu seinen Nachbarn hielt er sich einen Zuchtbullen, welcher nur von ihm gefüttert wurde. Eines Sonntagmorgens – Hinnerk hatte abends vorher bei einer Schützenversammlung mächtig getankt und sein Kopf kam ihm vor wie ein volles Silo – vergaß er Gottlieb, seinen Bullen, zu füttern.

Erst kurz vor dem Mittagsläuten stieg er in seine Holzpantinen, ging auf die Tenne, öffnete die Tür zum Heuboden und kletterte die Treppe rauf. Was er nicht gesehen hatte: Die Tür zum Bullenpferg war nicht richtig verschlossen und der hungrige Gottlieb folgte seinem Herrn über die Treppe auf den Heuboden. Hinnerk, im hinteren Teil des Bodens mit dem Heu beschäftigt, hörte plötzlich das Schnaufen des die Treppe erklimmenden Bullen. Dem im Treppenloch erscheinenden Bullenkopf folgt der massige Körper und oh Wunder, stand das ganze Rindvieh auf einmal auf dem Heuboden. Hinnerk war sprachlos und wenn er es nicht mit eigenen Augen sehen würde, hätte er es sich nicht vorstellen können, solch ein großes Vieh auf dem Boden zu sehen.

Nun nahm das Schicksal seinen Lauf. Der Bulle übersah, beim Schreiten auf Hinnerk zu, die offene Bodenluke. Viel schneller als er auf den Heuboden gekommen war, war er wieder auf der Tenne angekommen. Angekommen fiel er auf seine Vorderbeine, welche bei bestem Willen das ganze Körpergewicht nicht abfangen konnten. Mit splitterndem Geräusch gaben diese nach und mit grässlichem Brüllen lag Gottlieb mit gebrochenen Beinen auf dem Tennenboden. Der Tod durch das Bolzenschußgerät des Schlachters war ihm somit sicher. Hinnerk war sofort vollkommen nüchtern und voller Reue. Sein Schwur, nie wieder das Füttern seiner Lieblinge zu vergessen, half dem armen Rindvieh aber auch nicht mehr.

Dass die rotbunten Kühe der Umgebung aus Trauer um Gottlieb schwarzbunt geworden seien, halte ich jedoch für ein Gerücht.

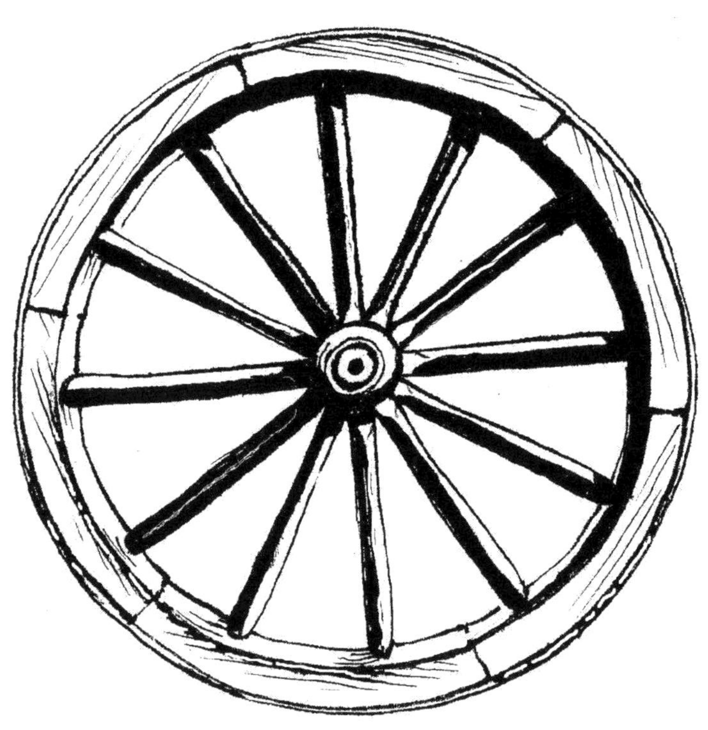

Das Schnapsversteck

Es war im März 1945. Die Alliierten standen am Rhein und das Ende der Hitlerära war abzusehen. Heinz, der Wirt von der Birkenschänke dachte schon an die Zeit nach Kriegsende und wie es wohl sein würde. Sollte alles schieflaufen, nach Alkohol würde es den Menschen, besonders in der ersten Zeit nach diesen schrecklichen Jahren, bestimmt verlangen. Er musste also Vorsorge treffen.

Da lag im hintersten Winkel seines Kellers, unter altem Gerümpel versteckt, ein Zweihundertliterfass voll reinem Sprit. Dieses Geheimnis kannte nur er allein. Nicht einmal seiner Familie war dieser Schatz bekannt. Ihm war klar, dass dieses Fass vor dem Zugriff der anrückenden Siegermächte sichergestellt werden musste. Aber wie sollte er allein dieses Gewicht an Alkohol transportieren und wohin damit? Da konnte nur sein Freund Theo, Besitzer eines einsam liegenden Bauernhofes, helfen. Weihte er ihn ein, dann hatte er zwar einen Mitwisser, aber besser einen Kenner des Schnapsbestandes mehr als die Requirierung durch die Amis.

Seiner Frau erzählte er etwas von einer Geschäftsbesprechung. Dann setzte er ächzend seine 120 Kilogramm Lebendgewicht auf ein Fahrrad und trampelte einen Feldweg entlang zum Hof von Theo. Hier kam er gerade richtig zur Vesperzeit an, um mit Theo ein Klümpchen Knabbel mit Milch zu verzehren. „Ich habe etwas Wichtiges mit Dir zu besprechen, lass uns auf die Obstwiese gehen, wo uns keiner hören kann.“ Nun standen sie unter den noch kahlen Ästen eines Apfelbaumes.

„Na, was gibt es denn nun für Geheimnisvolles? Hat Hitler noch eine Geheimwaffe, wovon wir noch nichts wissen?“, fragte Theo Heinz. „Hör her, ich habe etwas noch viel Besseres. Meine Geheimwaffe ist ein Fass Einhundertprozentiges und dieses Fass müssen wir hier bei dir verstecken.“

Nach mehreren, nicht immer guten Vorschlägen einigte man sich darauf, das Fass auf einer abgelegenen Wiese einzubuddeln.

Schon zwei Tage später, zur mitternächtlichen Stunde, hatten die Beiden das Fass auf einem gummibereiften Flachwagen zur Wiese transportiert. Lisa, Theos alte braune Stute, welche den Wagen zog, war wohl nicht als Mitwisser einzustufen. An der hintersten Weideecke wurde das Fass eingegraben und mit dem Grasboden sorgfältig zugedeckt. Beide waren sich einig, erst nach Abzug der Sieger den Schnaps auszugraben.

Monate später … Frühling und Sommer waren vergangen, als im späten Herbst Willi, der Gastwirtsohn aus der Gefangenschaft heimgekommen war und dieser seinen Freund Josef, den Ältesten Theos, besuchte. Es kam die Zeit, wo der Schnaps seine Verwendung finden sollte. Jedoch nicht durch die beiden Väter, sondern durch ihre Söhne. Was die alten Herren nicht wussten, Josef, durch eine Granate wehrdienstunfähig geworden, hatte die damalige Fassvergrabung heimlich beobachtet.

Vorausgeschickt: Die erste Nachkriegszeit war für die jungen Leute eine langweilige, ereignislose Zeit und da kam man auf die ausgefallensten Ideen, nicht immer zur Freude anderer Menschen, so auch hier.

Nach Freilegung eines Teiles des Spritlagers kam der Verschlussdeckel zum Vorschein. Den Deckel abschrauben, mittels Schlauch zwanzig Liter Schnaps absaugen, mit vom Willi mitgebrachten Wasser den alten Inhaltsbestand wiederherstellen und das Fass wieder verschließen, war Sache von wenigen Minuten. Dann wurde die Grasdecke wieder in Ordnung gebracht, so dass keiner den Diebstahl erkennen konnte.

Am nächsten Wochenende sorgte der in der Birkengaststätte angebauten Werkstatt auf 40% verdünnte Schnaps in einem kleinen Kreis geladener Freunde für ausgelassene Fröhlichkeit. Natürlich konnten beim bestem Willen in einer Nacht nicht 44 Liter getrunken werden. Es folgten noch einige feuchtfröhliche Wochenenden, ehe alle Flaschen leer waren. Willi und Josef unternahmen noch zweimal eine Besorgungstour, danach schmeckte ihnen der nun dreimal verdünnte Sprit im versteckten Fass nicht mehr und die Schnapsbesorgung wurde eingestellt.

Erst Monate später verständigten sich die nichtsahnenden

Väter auf die Hebung des Spritfasses. Was vor langer Zeit heimlich vergraben wurde, wurde jetzt bei helllichtem Tag ausgegraben und auf einen PKW-Anhänger aufgeladen. Heinz zog aus der Jackentasche zwei Schnapsgläschen und einen Flachmann mit Wasser, füllte jedes zur Hälfte aus dem Fass und gab einen Schuss Wasser dazu und prostete seinem Freund Theo zu. Das war das letzte Glas, welches die beiden für lange Zeit zusammen tranken. Der wütende Heinz schüttete den Rest seines Glases Theo ins Gesicht, kündigte ihm die Freundschaft und stieg in dem Glauben, von Theo betrogen worden zu sein, in sein altes Auto und fuhr davon.

Theo, ebenfalls nichts ahnend, war über Heinz‘ Verhalten sehr beleidigt. Es dauerte viele Jahre, bis die beiden ihre alte Freundschaft gelegentlich bei einem Schützenfest wiederaufleben ließen.

Die Eierallergie

Gerda, die amtierende Bäuerin vom Wiesenhof, nahm eines schönen Sonntags ihren Ältesten, den Hoferben Ludger, mit in den Gemüsegarten, um mit ihm unter vier Augen zu sprechen. Zwischen Salat- und Bohnenpflanzen – die Beete waren, wie in einem ordentlichen Münsterländischen Bauerngarten üblich, mit niedlichem Buchsbaum eingesäumt – sagte sie zu ihm: „Ludger, ich habe mir was überlegt und meine, es ist an der Zeit, dass du dir eine Frau nimmst. Ich komme so langsam in die Jahre und eine junge Frau im Haus täte mir ganz gut. Sieh mal zu, dass du ein Mädchen findest, welches von einem Hof kommt und auch was mit in die Ehe bringt."

Ludger, welcher die Wichter seines Dorfes in den vergangenen Jahren mehr oder weniger kennen gelernt hatte, lüsterte es nach was Hübschem, Runden aus der näheren Umgebung. Wie es manchmal so kommt, lernte er ein Mädchen aus der Davert auf einem Schützenfest in Bösensell kennen. Emma – weizenblond und mit allen Drum und Dran, war so recht nach seinem Geschmack und als eine der beiden Zwillingsschwestern vom Heidehof würde sie auch allerhand an den Füßen haben. In den nächsten Wochen trafen sich die beiden Mal bei „Mutter Prinz" im „Rinkeroder Hof" oder in der Gaststätte Wiedau am Kappenberger Damm, um Händchen zu halten bei etlichen Gläsern Bier und Regina für sie. Dazwischen mal das eine oder andere Gläschen Kirum, welches die Stimmung der beiden erhöhte.

Emma sagte eines Tages zu Ludger: „Ich glaube, ich stelle dich mal meinen Eltern vor, damit es mit uns was werden kann." Der Angesprochene war damit einverstanden und das Pärchen einigte sich auf den nächsten Sonntag.

Für Emma und die anderen Heidehofbewohner sollte es ein wichtiger Tag werden und sich dessen bewusst, richteten sie alles auf das Beste her, wozu auch ein mächtiger Napfkuchen zählte.

Am Sonntag erschien Ludger im besten Sonntagsanzug und einem großen Fliederstrauß aus eigenem Garten in der Hand, am frühen Nachmittag auf dem Heidehof, wo Emmas Eltern und Geschwister gespannt auf ihn warteten. Wie es schien, entsprach der Freiersmann den Erwartungen der ganzen Familie.

Später, alle hatten an der großen Kaffeetafel, in dem der Wichtigkeit des Tages entsprechend geöffneten Wohnzimmer, Platz genommen, legte Emma ihrem Ludger ein großes Stück ihres Rhodonkuchens auf den Teller. Bcim Anblick des schönen Kuchens fiel Ludger seine Allergie gegen Hühnereier ein. Er fragte Emma, ob im Kuchen Eier seien, welches Emma stolz mit der Angabe von sechs Stück bejahte. Mit trauriger Miene und dem Hinweis auf seine Allergie lehnte Ludger den Kuchen ab. Statt des Kuchens bekam er ein paar Schnitten Rosinenbrot dick mit Butter bestrichen.

Nach Ludgers Weggang später am Abend, Emma saß mit ihrer Schwester auf der Gartenbank, wo beide das Für und Wider Ludgers besprachen, sagte Maria zu Emma: „Also Emma, schlag dir eine Ehe mit Ludger aus dem Kopf. Ein Mann mit einer Eierallergie, was hast du von dem, wenn er im Bett nichts zustande bringt. So viel wie ich weiß, braucht ihr doch seine

… ich mag das Wort nicht aussprechen … um Kinder zu bekommen und nun hat Ludger doch da eine Allergie, was immer das auch sein mag!“

In den nächsten Tagen ließ Emma sich Marias Worte durch den Kopf gehen und kam zu dem Entschluss, dass Ludger mit seiner Eierallergie für sie doch wohl nicht der Richtige sei. Mit einem Brief an Ludger beendete sie dann ihr Verhältnis.

Ludger fühlte sich erst beleidigt, fand aber bald eine andere, eine, welche seine Allergie nicht störte. Nachwuchs? Ja, diesen bekamen die beiden später noch reichlich: Drei Jungs und vier Wichter!

Ich und der liebe Gott

An einem sonnigen Nachmittag fuhren wir (Josef, Hermann und ich) mal wieder gelangweilt mit unseren Rädern durchs Dorf, ohne etwas für uns Bemerkenswertes zu entdecken. Auf den Stufen vor der Kirchentür machten wir eine Ruhepause. Hermann sagte zu uns: „Ich mach mit euch eine Wette um einmal Fahrrad putzen, dass ich mit dem Rad in der Kirche herumfahre.“ Die nahmen wir nicht an, was Hermann konnte, konnten wir doch auch. Also, rein in die Kirche mit den Rädern. Wir drehten eine Runde auf dem Außengang. Dann fuhren wir, unter zur Hilfenahme des Mittelganges, eine Acht. „Jetzt machen wir ein Rennen. Wer zuerst fünf Runden bewältigt und am Beichtstuhl ankommt, hat gewonnen“, so forderte uns Josef auf. Das alles ging nicht ohne viel Lärm ab, zumal wir auch noch unsere Klingel bctätigten, wenn es zu eng wurde.

Das Ende unserer Radelei machte die gewaltige Stimme Doktor Überhol, dem Pfarrer unserer Gemeinde. „Das haben der liebe Gott und ich noch nie erlebt! Radfahrende Bengels im Hause Gottes!“ Hätte Petrus vom Himmel herunter uns zusammengestaucht, wir hätten nicht verdatterter dastehen können.

Nach einer längeren Standpauke Doktor Überhols an uns und einer schriftlichen Strafarbeit von zweihundert Mal – ich darf nicht in der Kirche mit dem Rad fahren – meinten wir, die Sache sei für uns erledigt.

Doch so war es nicht! Solch eine noch nie dagewesene Untat musste selbstverständlich bestraft werden, das meinte wenigstens unser Lehrer Homann am nächsten Tag in der Schule vor versammelter Klasse, als er seinen Haselnuss-Stecken vor unseren Nasen schwenkte. „Hände vorstrecken, wird's bald!" Drei paar Hände erhielten jeweils zehn Streiche verpasst. Dreißig Mal den Stock schwingen, brachte sogar unseren Lehrer außer Atem. Unsere heißen Handflächen kühlten wir mit Ruhm, welchen wir von unseren Mitschülern für unsere Tat ernteten.

Blick auf Alt-St. Anna in Mecklenbeck um 1935

Bim-Bam, Bim-Bam

Unsere Kirche, vielmehr die Glocken im Turm, waren für uns noch mal Anlass, die Bevölkerung unseres Dorfes durcheinander zu bringen.

Geläutet wurden sie mittels langer Seile – mit welchen man beim Läuten wunderbar ein paar Meter in die Höhe fahren konnte – welche mit ihren Enden in einer Nische im Erdgeschoß des Turmes hingen. Der Ton der Glocken erklang nur vor einer Messe, vor Beerdigungen und Hochzeiten. Mittels der kleinen Glocke wurde der Bevölkerung die volle und die halbe Stunde angezeigt. Mal wieder auf Inspektionsfahrt, schließlich mussten wir ja wissen, was im Dorf so passierte, trafen wir an der Kirche Anton, einen der Söhne unseres Küsters. Erst durchaus nicht gewillt, dann jedoch, nach Überlassen von Hermanns Steinschleuder, erklärte er sich bereit, mitten am Nachmittag die große Glocke zu läuten. Der Erfolg war durchschlagend, als das Gebimmel die Dorfstille störte. Wir drei Anstifter saßen hinter der dicken Buchenhecke des Pfarrgartens und beobachteten das Auftauchen nacheinander von Doktor Überholz, seines Küsters, der Pastorenhaushälterin, der Lehrerinnen Ellert und Hartog, welche im alten Schulhaus neben der Kirche wohnten und von der Küstersgattin. Alle standen ratlos vor der Kirchentür. Hatte es doch geläutet, was alle deutlich vernommen hatten, doch niemand war zu sehen. Hermann hatte früh genug durch die Seitentür das Weite suchen können.

Der oder die Täter wurden nie ermittelt, um die Glockenseile wurde aber ein abschließbarer Holzkasten angebracht, um ungewolltes Läuten für die Zukunft zu verhindern.

Ach, ihr lieben Hühner, wenn ihr wüsstet …

Es war noch in der Zeit vor dem zweiten Weltkrieg, eine schöne, stille Zeit in unserem Dorf. Außer dem Schützenfest, dem Feuerwehrball und gelegentlichen Filmvorführungen im Saal des Gasthofes an der Kirche, gab es keine wesentlichen Abwechslungen. Der eine oder der andere hatte jedoch ein kleines Pläsierchen nebenbei.

Da gab es den Bauern Andreas Kreiling, welcher treu und brav seine Äcker bestellte, ein bis zweimal im Monat den Wünschen seiner Frau nachkam, wobei sich im Laufe der Zeit sieben Kinder einstellten.

Das war Andreas nicht genug und er sann auf Erweiterung seines Liebeslebens. Dem Hinweis seines Nachbarn, Franz Sonnenfeld, auf eine bestimmte Straße im Osten der nahegelegenen Stadt, ging er gelegentlich einem Besuch beim Reichsnährstand nach und was er auf der Straße der käuflichen Liebe zu sehen bekam, ließ sein Herz höherschlagen.

Einmal die Straße rauf und einmal herunter, hatten Andreas so richtig in Dampf gebracht, als ihn eine dralle Brünette ansprach: „Hallo Süßer, wie sieht es denn mit uns beiden aus? Hättest du Lust, mit mir auf mein Zimmer zu gehen?“

Natürlich hatte Andreas Lust! Sogar große Lust, das Angebot anzunehmen. Noch rechtzeitig fiel ihm Franz ein, welcher ihm doch gesagt hatte: Die Liebe kostet Geld. Da lag der Hase begraben. Geld, ja Geld hatte er keines, das verwaltete doch seine Frau Agnes bis auf den letzten Pfennig.

„Liebe, nette Frau“, sagte er zu der ihm lachenden Schönen,

„wie gerne möchte ich mit Ihnen gehen, allein mir fehlt das Geld dazu. Aber vielleicht könnte ich ja mit Produkten meiner Landwirtschaft bezahlen?“

Der Bauer tat dem Mädchen leid, zumal er sichtlich nach ihren Diensten verlangte. Lange Rede, kurzer Sinn … die beiden wurden sich über die Art der Bezahlung einig.

Nun konnten aufmerksame Beobachter Andreas einmal im Monat, immer dann, wenn seine Frau ein paar Dörfer weiter zu Besuch ihrer alten Mutter radelte, mit seinem Fietzen in die Stadt fahren sehen. Am Lenker hing eine alte abgewetzte Aktentasche, welche außer einem Heupolster mit Hühnereiern gefüllt war. Diese Eier waren die Bezahlung für die ihm entgegengebrachten Freuden, Freuden, welche er im Ehebett in dieser Art und Weise nie bekam.

Agnes klagte die erste Zeit seiner Stadtfahrten über die faulen Hühner, vergaß aber bei der großen Zahl der Hennen bald die Verringerung des Legeergebnisses. So ging es lustig weiter, bis der Krieg die Bauern zwang, unter anderem eine größere Menge Hühnereier, zur Versorgung der Bevölkerung, an den Staat abzugeben.

Aus war es mit der „Eierbezahlten Liebe“!

Mit dem Kiepenkerl am Herdfeuer

Es herrscht heimliche Wärme in der Gaststätte des Birkenhofes. Ein paar Funken springen mit lautem Knall vor die weißgescheuerten Holzschuhe des Kiepenkerls. In seiner traditionellen Kleidung, dem Blaukittel, rotem Halstuch und in die Ledergamaschen führender schwarzer Hose steht er unter dem Himmel – dem Hol – der offenen Herdstelle. Die Schirmmütze auf dem Kopf und den knorrigen Knotenstock in der Hand. Die lange Piepe hat er beiseitegelegt, steht er vor einer ihm sitzenden, kleinen Gruppe von Heimatfreunden, welche aufmerksam seinen Ausführungen lauscht.

Münster-Mecklenbeck, Gaststätte

„Solch ein offenes Herdfeuer ist schon in seiner Art viele Hunderte von Jahren alt. Ursprünglich die einzige Feuerstelle im bäuerlichen Haus, in der Längsachse liegend mit Blick über die Tenne – wo links und rechts die Pferde und Kühe standen – auf das große Deelentor.

Erst viel später, wo zusätzlich zum Herdfeuer noch ein Kochherd im großen Küchenraum aufgestellt wurde, schloss man diese durch eine erst hölzerne und später durch eine Steinwand zur Tenne hin ab.

In guter Mannshöhe war ein ca. 3x2 Meter breiter und tiefer Himmel – ‚Der Hol' – angebracht. In ihm befand sich bis zur Balkendecke streckend, der Räucherraum. Den abziehenden Qualm konnte man per Schieber in den Schornstein oder zum Räuchern in den freien Raum über dem Feuer leiten.

War im späten Herbst das erste Schwein geschlachtet, die Speckseiten und die Schinken nach der Lagerung in der Salzlake noch oben im ‚Hol' aufgehangen, dann wurden Rauch und Wärme des verbrennenden Holzes zur Haltbarmachung an das Fleisch geleitet. Doch nicht nur zur Wärmegewinnung und zum Räuchern diente das Herdfeuer. Nein, über ihm wurde über Jahrhunderte in großen und kleinen Kesseln auch das Essen für die Bauersleute und das Gesinde gekocht.

Rechts und links, oberhalb des Feuers, konnte in den Wandöffnungen Brot gebacken werden. Das brennende Holz lag auf eisernen Böcken, welche durch Verstellen die Hitze regulieren konnten. Hinter dem Feuer, zur Absicherung der Rückwand, war eine gusseiserne Platte – oft mit Bild- und Schriftwerk versehen – angebracht."

Nach einem doppelten Korn erzählte der Kiepenkerl weiter:

„Zu jedem Herdfeuer gehörten auch entsprechende Gerätschaften, unter anderem eine Zange mit langem Griff zum Verlegen der brennenden Scheite und dem ‚Püster', dem Blasrohr zum Anfachen der Glut. Wissen Sie übrigens, warum das Rohr ‚Püster' heißt?", fragte der Kiepenkerl seine Zuhörer. „Nein, nicht wegen des Durchpustens der Luft, sondern, weil dieser sogenannte Püster aus alten, nicht mehr brauchbaren Jagdflinten stammte. Man sägte einfach den Lauf ab und fertig war der Püster. Püster, so nannte man auch im Münsterländischen das Gewehr.

Am Balken, knapp zwei Meter über dem Feuer, hing früher an einem Haken ein sägeartiges, senkrecht hängendes Eisen. Mittels dieser Sägezähne konnte man den Kochkessel weiter oder näher zum Feuer hängen. Ihr kennt sicher alle die Aufforderung: Leg einen Zahn zu. Wir sagen es zu jemandem, um ihn zu einer schnelleren Erledigung seiner Arbeit anzuhalten. Einen Zahn zulegen ... kommt ursprünglich aus dem Bereich des Herdfeuers. Man meinte damit, den Kessel einen oder mehrere Zähne näher ans Feuer zu bringen und somit den Kesselinhalt schneller zum Kochen zu bringen. Wichtig war auch die ‚Kalte Hand', ein Rundeisen, welches an den beiden Enden aufgebogen war. Mit Hilfe dieses Eisens wurden die heißen Kessel abgenommen."

Nach dem nächsten Schnaps: „Jetzt will ich ihnen noch etwas erzählen, was mit solch einem Herdfeuer zusammenhängt:

Sie kennen alle den Spruch ‚Ins Fettnäpfchen treten'. Hing früher der Speck, der Schweineschinken und die Mettwurst oben im Rauchteil des ‚Hol', dann tröpfelte schon mal etwas Fett von oben herab auf den Fußboden. Die Bäuerin fing dieses in kleinen Tongefäßen auf, einmal, um die Bodenplatten sauber zu halten und einmal, um das Fett im Haushalt zu verwenden.

Kamen nun Nachbarn oder Verwandte zu Besuch und alle waren neugierig, was wohl alles an Geräuchertem oder Lufttrockenem im Wiem hing, dann traten diese mit dem Blick nach oben, oft in einen der fettsammelnden Näpfe. Daher der Begriff ‚Ins Fettnäpfchen treten', welchen wir heute noch gebrauchen, wenn sich jemand danebenbenimmt und mit loser Zunge über einen anderen etwas Nachteiliges sagt."

Nach einem weiteren Schnaps zum Schmieren der Stimmbänder, erzählte der Kiepenkerl weiter: „Bei der Lagerungsart von Lebensmitteln und Korn zu früheren Zeiten auf den Bauerngehöften, war es nicht verwunderlich, dass oft die Mäuse in großer Anzahl dort zu Hause waren. Oft in so großer Anzahl, dass die Katzen nicht fähig waren, diese zu vernichten. Die Leute halfen sich zusätzlich durch das Aufstellen von Mausefallen. Ich habe ihnen eine Falle aus der damaligen Zeit mitgebracht. Sie sehen hier ein spannenlanges Holzrohr, um welches sich in einer bestimmten Anbringung eine Schnur befindet. Im Innern führt diese durch die Mitte des Rohrs. Hinter dem Faden wurde ein Stückchen Speck oder Käse gelegt. Nahm die Maus den wahr und drang in das Rohr ein, dann musste sie erst den gespannten Faden durchbeißen, um an den Köder zu gelangen. Biss und biss sie nun an der Schnur herum, dann zog sich diese zu einer Schlinge zusammen und erdrosselte die unvorsichtige Maus. Der Begriff ‚Da beißt keine Maus den Faden ab' rührt von dieser Falle her. Wir wenden ihn heute an, wenn etwas nicht zu erreichen ist, was man gerne haben möchte. Eine andere Redewendung lautet ‚Die Hand drüber halten'. Heute meint man damit, etwas festhalten, was man behalten möchte, etwas absichern. Früher verblieben nicht selten die nachgeborenen Söhne – die Öhms –genannt, oder auch nichtverheirateten Töchter zeitlebens auf dem elterlichen Hof. Stellten nun deren Neffen und Nichten etwas an, was den Eltern nicht gefiel und sollten sie deswegen gemaßregelt werden, dann sprang oft genug der Öhm oder die Tante zum Schutz der Kinder ein. Sie hielten ‚die Hand drüber'."

Der nächste Schnaps war fällig!

„Von solch einem Öhm weiß ich eine nette Geschichte zu berichten: Gelegentlich einer Geburtstagsfeier auf einem der Höfe in unserem Dorf, zog meine Nachbarin ihr Taschentuch aus der Tasche, wobei eine Zahnprothese zum Vorschein kam. Auf meinen erstaunten Blick erklärte sie mir das Vorhandensein des Gebisses in ihrer Tasche und das war so:

Immer, wenn sie den Hof zu irgendeiner Besorgung verließ, stellte sie beim Zurückkommen das Fehlen einer Mettwurst oder das Kleinerwerden des angeschnittenen Schinkens fest. Als sie einmal was vergaß und wieder auf den Hof zurückkam, traf sie den Öhm in der Küche an, wo er mit einem Messer am Schinken herumsäbelte. Der Dieb war also entdeckt und um weiterer Verringerung der Schinken- und Wurstmengen ein Ende zu setzen, musste der Öhm bei aller weiteren Abwesenheit der Bäuerin vorher sein Gebiss bei ihr abliefern.

Ab da waren Wurst und Schinken vor dem Zugriff des Öhms sicher!

Sie haben sicher alle schon den Begriff ‚Über den Löffel barbieren gehört' und verbunden damit die Tatsache, wenn jemand geschickt einen anderen betrügt. Über den Löffel barbieren bedeutet aber etwas anderes. Hier habe ich einen Löffel und hier ein Rasiermesser und nun will ich Ihnen zeigen, wo der besagte Begriff herkommt.

Die alten Bauern und Knechte, welche im Laufe der Zeit ihrer Zähne verlustig waren, konnten sich, ohne sich zu schneiden, ihre eingefallenen Wangen nicht rasieren. Diese nahmen nun den Löffel, führten ihn in den Mund und konnten nun mühe- und gefahrlos, ihre ausgewölbten Wangen rasieren. Also ‚Über den Löffel barbieren'.

Jetzt etwas über einen kleinen Bauernjungen:

Gelegentlich eines Stadtbesuchs nahm die Kleibuschen ihren fünfjährigen Sohn mit. Nach Erledigung ihrer Besorgungen, führte sie ihren kleinen Anton in den Dom. Vorher wurde dieser angehalten, in der Kirche kein Wort zu sprechen. Beim Rundgang durch die Seitenschiffe und den Hauptgang wurde der Kleine erst unruhig und hing anschließend mit traurigem Blick an der Hand der Mutter. Kaum aus der Kirche, äußerte Anton: ‚Der Bischof ist aber sehr arm!' ‚Warum?', wollte seine Mutter wissen. ‚Er wohnt doch in einem großen, wunderschönen Haus.'

‚Was nützt ihm aber das schöne Haus', entgegnete der Bengel, ‚wenn an der ganzen großen Decke nicht eine Wurst oder Schinken, wie bei uns zu Hause, hängt.'

Jetzt ist es spät geworden und wir werden alle unser Bett aufsuchen. Dabei fällt mir noch etwas ein. Man sagt so im Allgemeinen ‚etwas auf die hohe Kante legen‘, wenn man etwas spart und für schlechte Zeiten zurücklegt. Diese Tätigkeit ist uralt und hat ihren Namen von dem erhalten, was der Bauer vorm Schlafengehen vor seinem Himmelbett tat. Er legte das tagsüber eingenommene Bargeld auf die Holzleiste, auf der der Betthimmel lag. Also auf die hohe Kante.“

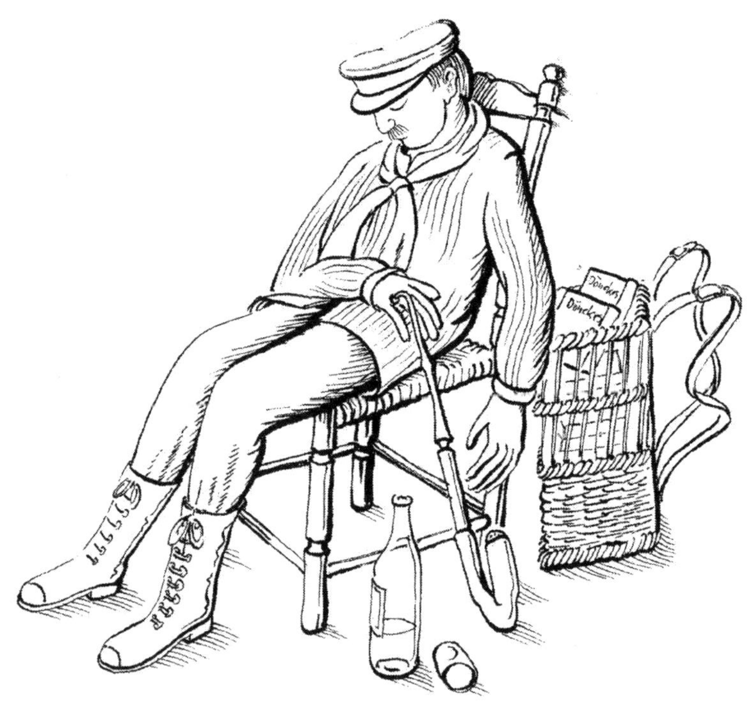

Nach einem letzten Schnaps nahm der Kiepenkerl seine Piepe vom Tisch, zündete sie mit einem Span aus dem Herdfeuer an, hing sich seine Kiepe auf den Rücken und stapfte laut mit seinen Holzschuhen und seinem schweren Knorrenstock über die Bodenfliesen nach draußen. Übrigens: Unser Kiepenkerl ist ein Nachfahre, der lange Zeit als Kleinhändler mit voller Kiepe über das Land laufenden Kiepenkerle, welche genauso angezogen waren wie er. Also eine Kultfigur!

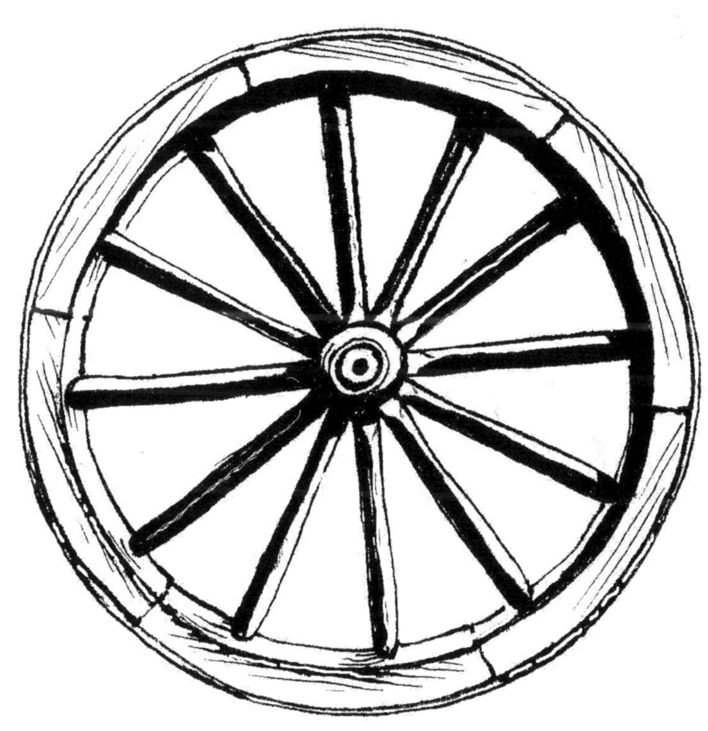

Und Friede auf Erden ...

Es waren schon etliche Jahre nach dem zweiten Weltkrieg vergangen und trotzdem waren freie Wohnungen in und um unsere Stadt herum kaum zu finden.

Martha und Gerd hatten Glück gehabt und in der Nähe des Kuh- und Pferdplatzes – (Kuh stimmt eigentlich nicht. Die Kuh ist in Wirklichkeit ein Ochse, wurde jedoch von der Bevölkerung stets mit Kuh bezeichnet) – eine große Wohnung in einem gerade wieder aufgebauten Mehrfamilienhaus bekommen.

Es war eine große, helle Wohnung mit nur einem Nachteil, sie hatte keine Heizung. Aber wer denkt schon im Sommer an eine Heizung! Besonders, wenn man schon länger hinter einer Wohnung her war und nun endlich eine bekommen hatte.

Doch der Winter kam und Martha, in mehrere Decken eingewickelt, saß am kleinen Ölofen und wartete frierend auf des Winters Ende. Es folgten noch etliche kalte Winterzeiten und Jahre später, das Paar lebte längst in einem zentralgeheizten Einfamilienhaus, überkam die beiden bei Einbruch der kalten Jahreszeit stets das Grauen bei dem Gedanken an ihre erste, eiskalte Wohnung. Dachten sie an diese Zeit zurück, dann kam ihnen oft ihr drittes, gemeinsames Weihnachtsfest in den Sinn.

Gerd, ein lieber Kerl und guter Ehemann, konnte eigentlich alles, nur nicht Handwerkern. Schon beim Einschlagen eines Nagels in die Wand stand der Verbandskasten greifbar in der Nähe.

Tage vor dem Fest wurde er zur Beschaffung eines Weihnachtsbaumes von Martha gedrängt, hatte er doch keinerlei

Lust dazu, wenn er nur an das Einstielen des Baumes in den Ständer dachte.

An diesem Weihnachten stand der Baum schon einen Tag vor dem Heiligen Abend auf dem Balkon. Am nächsten Tag machte sich Gerd schimpfend und stöhnend an die Arbeit und versuchte, Baum und Ständer zusammenzufügen. Seine Jacke ließ er in der Wohnung zurück, weil er schon vorher wusste, wie er in Schweiß geraten würde. Martha stand noch erst bei ihm auf dem Balkon, wurde aber nach etlichem Besserwissen ob der Einstieltechnik von Gerd in die Wohnung verwiesen. Schmollend zog sie ab, um sich auf die andere Seite der Wohnung an den Ofen zu setzen. Hatte jedoch vorher, ohne darüber nachzudenken, hinter sich die Balkontür verschlossen. Das Unglück nahm seinen Lauf, als Gerd seine Arbeit zu seiner vollsten Zufriedenheit erledigt hatte und wieder in die Wohnung zurückwollte. Die Tür blieb trotz kräftigen Rappelns am Griff verschlossen. Rufen und Klopfen führte zu nichts. Die Tür blieb zu und Martha hörte von allem nichts. Gerd begann jämmerlich zu frieren, hätte er doch wenigstens seine Jacke anbehalten.

Die Rufe um Hilfe, über den Hof hinweg zu den anderen Mietern, blieben auch ohne Erfolg. Je mehr er fror, umso wütender wurde er. Erst das ungeliebte Baumeinsetzen und dann noch ausgesperrt zu sein, brachte ihn zur Weißglut. Wieder mal erfolgloses Klopfen und Rappeln an der Balkontür … es rührte sich nichts. Halb erfroren setzte er sich auf den einzigen Stuhl, welcher auf dem Balkon stand und ergab sich seinem Schicksal.

Martha kam die Sache langsam komisch vor, hatte doch das Einbringen des Baumes in den Ständer, trotz der ihr bekannten Ungeschicklichkeit ihres Mannes, sonst nie so lange gedauert! Warum kam er denn nicht, ihr das Ende der Arbeit zu melden? Sollte er noch beleidigt sein wegen ihrer Ratschläge zum Einstielen des Baumes?

Sie wollte doch mal nachsehen, wie weit die Arbeit gediehen war. Oh Schreck! Die Tür war verschlossen und der arme Gerd saß wie ein Eisblock auf dem Stuhl. Nach Öffnen der Tür wurde dieser Eisblock aber sehr lebendig: „Solch eine Schweinerei!“, begann er zu toben, „mich auszusperren und dann bei dieser Kälte! Das Weihnachtsfest kannst du dir abschminken. Mir ist alle Lust zum Feiern vergangen und das Heilige Abendessen mit anschließender Bescherung bei deinen Eltern fällt auch aus!“ Und so ging es murrend und knurrend weiter, bis ihm die Luft ausging.

Erst nach einem großen, von Martha zubereiteten Topf Glühwein und längerer warmer Umarmung seiner Frau legte sich nach und nach seine Wut und Frieden – Weihnachtsfrieden – stellte sich wieder ein.

So richtig wohlig warm, erklärte sich dann Gerd doch noch bereit, den Heiligabend gemeinsam mit Martha in deren Familienkreis zu verbringen.

Die Geldwäsche

Im Staatsauftrag erbaute ich in einer Dorfgemeinde im westlichen Münsterland eine fünfklassige Volksschule. An zwei Tagen in der Woche befand ich mich zur Beaufsichtigung der Arbeiten auf der Baustelle.

An einem dieser Tage suchte mich der Amtmann der Gemeinde auf und bat mich, gelegentlich den Großbauer Eppich aufzusuchen. Dieser hätte gern von mir einen Rat über eine von ihm vorgesehene Baumaßnahme. „Seien Sie aber nicht zu überrascht, zumindest zeigen Sie es nicht, wenn sie in die Wohnräume des Herrn Eppich kommen. Dieser sieht es nicht gerne, wenn man seine Eigenart komisch findet. Verraten möchte ich Ihnen darüber aber noch nichts", forderte mich der Amtmann auf.

Ich begab mich alsbald zu besagtem Bauernhof und traf den Hausherrn auch an. Wie gut, dass mich der Amtmann vorgewarnt hatte. Ich konnte so mein Erstaunen verbergen. In der großen Küche, im Wiem über dem Herdfeuer, hingen an dort gespannten Leinen mit Klammern befestigt, frisch gewaschene Geldscheine aller Werte, um dort zu trocknen. Der Bauer war dabei, mit einem Bügeleisen und einem übergelegten Löschblatte die einzelnen Scheine zu glätten. Am Ende des großen Tisches stand eine Zinkwanne, halb voll Seifenwasser, in welcher seine Tochter jede Menge Hartgeld wusch. In einer zweiten Wanne wurde es gespült und danach in einem großen Sieb zum Trocknen gelegt. Eppich wollte von mir einen Rat zum Umbau zweier Stuben zu einem größeren Wohnraum, welcher gleichzeitig als Arbeitszimmer zur Erledigung der immer mehr werdenden Schreibarbeit dienen sollte. Ich beantwortete seine Fragen und bat ihn, auch eine Frage an ihn richten zu dürfen. „Nur los, fragen Sie schon, ich gebe Ihnen gern eine Antwort“, sagte Herr Eppich zu mir.

„Sie dürfen aber nicht ungehalten werden, wenn ich Ihnen eine ungewöhnliche Frage stelle!“ „Nein, nein, fragen Sie schon“, entgegnete er.

„Herr Eppich, würden Sie mir erklären, warum sie ihr Geld waschen?“

„Aber, das ist doch ganz einfach“, antwortete er. „Alles Geld, welches bei mir eingeht, ist doch schon durch viele Hände gegangen und nicht alle waren sauber. Diesen verschmutzten Münzen und Scheinen gebe ich mit meiner Wäsche wieder ein schönes, sauberes Aussehen. Wäre es nicht gut, wenn es alle Menschen täten?“

Ich bedankte mich für seine Antwort und zog ziemlich verdattert wieder ab.

Alter schützt vor Torheit nicht

Wieder mal auf der Baustelle, bekam ich Besuch von der eben erst verehelichten Frau Wiehold, ihres Zeichens Bäuerin auf dem Hof „Pferdekoppel."

„Ich würde gerne ein Einfamilienhaus im Garten unseres Hofes bauen. Wissen Sie, das Wohnen in der großen, kalten Küche und in den nicht beheizbaren Schlafräumen ist doch ziemlich unbequem und deshalb möchte ich ein modernes Haus mit Zentralheizung und einem schönen, gefliesten Bad haben. Würden Sie mir hierfür die Pläne anfertigen und auch die Arbeiten beaufsichtigen?", fragte sie mich. Natürlich wollte ich, schließlich war das Gehalt, welches ich vom Staat bezog, für eine junge Ehe wie meine nicht gerade üppig.

Ein Jahr später, das Haus war fertig und von den jungen Eheleuten und von dem verwitweten Altbauern bezogen, besuchte ich Frau Wiehold gelegentlich einer Dienstfahrt in ihrem neuen Haus.

„Nun, Frau Wiehold, wie gefällt es Ihnen in Ihrer neuen Umgebung?", fragte ich sie zur Begrüßung. „Ja, mein Mann und ich sind sehr zufrieden, ist das Leben jetzt doch viel schöner und bequemer für uns geworden. Nur meinem Vater gefällt es nicht so richtig. Er würde lieber weiter in seiner alten Kammer wohnen. Jetzt können wir, nach getaner Arbeit, in unserem neuen Bad den über den Tag angesammelten Schweiß abwaschen. Das ist doch ein herrliches Gefühl", entgegnete mir die Bäuerin.

„Meinen Vater wollte ich bewegen, auch mal ein schönes

Vollbad zu nehmen. Nach vielen Bitten und Drängeln hatte er sich dann endlich dazu bereit erklärt. Ich habe ihm dann das Wasser eingelassen und die Handtücher bereitgelegt und er ist ins Badezimmer gegangen. Danach hörte ich nichts mehr von ihm. Es dauerte eine halbe Stunde … nichts war aus dem Bad zu hören! Da wird doch nichts passiert sein, dachte ich mir. Ich habe dann die Tür zum Badezimmer geöffnet und was soll ich Ihnen sagen: Sitzt doch mein Vater mit ausgezogenen Socken und hoch gekrempelten Hosenbeinen auf dem Wannenbad und hält nur die Füße ins Wasser. Als ich ihn zur Rede stellte, erschreckte er so, dass er in die Wanne rutschte. Jetzt lag er in voller Bekleidung prustend und schimpfend im mittlerweile kalt gewordenen Wasser. Für die Hilfe, welche ich ihm angedeihen ließ, wurde ich schlecht belohnt. Ich sei schuld daran, dass er fast ertrunken wäre. Sein Leben lang würde ich ihn nicht mehr in solch ein modernes Teufelsgerät bekommen. Ist das nicht ein Riesenspaß?“, fragte mich die Bäuerin zum Abschluss ihrer Erzählung.

Das Heidengrab

Auf unserem Dorffriedhof fallen dem Besucher drei verschiedene Gruppen von Gräbern auf. Das sind die kleinen mit 80 x 60 cm großen Grabsteinen – oft auch ohne Stein und nur mit einem Holzkreuz – versehenen Ruhestätten. Dann die nächste Gruppe, die mit größeren Erdflächen und größeren Steinen und zuletzt die großen Gruften mit meterlangen Steinen oder aufwendigen, mit Kupferblech abgedeckten Eichenkreuze, mal mit einzelnen Steinplatten, auf welchen nur ein Name aus Goldschrift prangt oder aber mit großen Marmorplatten, auf welchen Generationen von verstorbenen Familien stehen.

Der Blumenschmuck, im laufenden Jahr nur spärlich auf den Gräbern zu sehen, vermehrt sich an den Feiertagen, den Todestagen, besonders aber am Tag der „Allerheiligen", dem 1. November. In den großen Gruften liegen die sterblichen Überreste der Großbauern und deren Angehörige.

Die mittelgroßen Gräber beherbergen die Verstorbenen der Normalbauern und die kleinen zeigen an, dass hier die Kötter und Handwerker ihre letzte Ruhestätte gefunden haben.

In Folgendem berichte ich über eine Familiengrabstätte eines unserer großen Bauern. Sehr viele Dutzende von Jahren zierte dieses Grab ein mächtiges Eichenkreuz. Eine schwere, ausladende Kupferabdeckung schützte es vor Regen und Schnee. Ein schönes Kreuz mit eingeschnitzter Bitte um die Seelenruhe der hier Begrabenen.

Trotz der Fürsorge all die Jahre lang, war das Holz im Erdboden verfault. Jetzt, wo der vierte, verstorbene Großbauer zu seinen Ahnen gelegt werden sollte, war es an der Zeit, das Kreuz zu erneuern.

Der zukünftige Hoferbe war die Neubeschaffung des Holzkreuzes leid und entschloss sich, mit Einwilligung seiner Mutter, der trauernden Witwe, ein steinernes Grabmal zu kaufen und aufzustellen. Nach eifrigem Suchen fand er auf einem seiner Äcker einen schönen, großen Findling, welcher nach Rückgang der letzten Eiszeit auf seinem Grund und Boden liegen geblieben war. Dieser Riesenstein wurde mit viel Müh und Schweiß zum Grab seiner Vorfahren gekarrt und sollte für ewig als Erinnerung an die Verstorbenen des Hofes „Großekamp“ dort Platz finden.

Ein Künstler wurde mit der Anfertigung eines ausschreitenden Sämanns aus Bronze beauftragt. Dieser sollte dann auf dem Stein angebracht werden und über die frühere Arbeit der hier Ruhenden Auskunft erteilen. Alles wurde zur vollsten Zufriedenheit des Auftraggebers erfüllt. Schon am nächsten Sonntag, im Hochamt, in welchem stets alle Bauern versammelt waren, hielt unser Pastor eine denkwürdige Predigt. Sie behandelte unseren Friedhof.

„Seit Neustem befindet sich unter all den christlichen Gräbern unseres Friedhofes ein verachtungswürdiges Heidengrab“, donnerte der Geistliche von der Kanzel herunter.

„Ein Grab trägt jetzt einen Findlingsstein, unter welchem in früheren Zeiten die Heidnischen Germanen begraben wurden. Und dann ist auf dem Stein auch noch ein unchristliches Bild angebracht.“ Und mit den Worten: „Ich werde nicht eher den Gottesacker wieder betreten, bis diese Unart beseitigt ist“, schloss er seine Predigt. Der Bauer Großkamp dachte jedoch nicht daran, diesen schönen Stein wieder zu entfernen und wurde darin zum großen Teil von den anderen Dorfbewohnern bestärkt. Mehrere Vorstöße unseres Pastors zur Erfüllung seines Befehls blieben erfolglos.

Zur Zeit des alljährlichen Feuerwehrfestes fand sich der Vereinsvorstand beim Geistlichen ein, um mit ihm über die übliche Festmesse zu reden. Die Feuerwehrleute waren schon sehr erstaunt, als sie den Grund zur Ablehnung der Messe erfuhren. „So lange wie das Heidengrab kein christliches Aussehen erhält, so lange lese ich keine Messe für die Wehr, in welcher sich besagter Bauer im Vorstand befindet", äußerte sich unser Pastor und forderte die Abordnung auf, sein Haus zu verlassen.

Was sollte nun geschehen? Nach wie vor war der Jahrestag unserer Freiwilligen Feuerwehr, welcher stets eine große Dorffete war, keine Aussicht auf eine feierliche Messe.

Unsere Feuerwehr wäre nicht unsere Feuerwehr gewesen, schließlich war sie stets gut für lustige Taten und Streiche, wenn sie nicht eine Lösung gefunden hätte.

Der Vorstand wurde mit folgendem Bescheid noch einmal ins Pfarrhaus geschickt: „Sehr geehrter Herr Pastor, wir sind beauftragt, Ihnen mitzuteilen, dass bei einem eventuellen Brand Ihres Hauses, die Feuerwehr keine Löscharbeiten ausführen wird. Sie können sicher sein, dass wir tatenlos beim Abbrennen Ihres Heimes zusehen werden. Es sei denn, sie lesen wie immer die Messe für uns und erlauben unserem Vorstandsmitglied, dem Bauern Großkamp, den Stein auf seinem elterlichen Grab zu belassen."

Friedhof St. Anna
in Münster-Mecklenbeck

Schon am nächsten Tag erhielt die Feuerwehr einen Brief unseres Pfarrers, in welchem er seine Bereitschaft zur Messelesung bekundete und dem Verbleib des Heidensteins zustimmte. Er verlangte jedoch, dass auf dem Stein auch das Zeichen der Christen, das Kreuz, eingemeißelt werde.

So geschah es dann auch, alle Friedhofsbesucher können, wenn sie es wollen, das Kreuz auf dem Stein sehen. Es ist auf der Rückseite des „Heidendenkmals“ angebracht. Mittlerweile stehen schon etliche sogenannte Heidensteine auf unserem Friedhof!

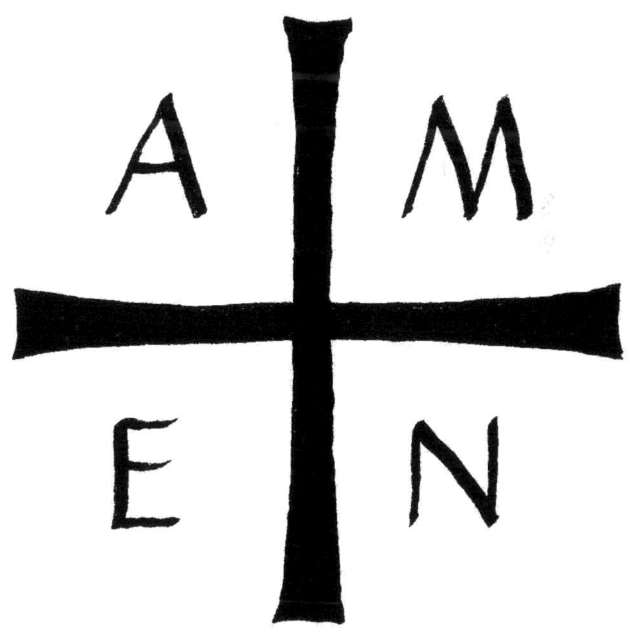

Die Taufe

Herr von Heide, seines Zeichens Ökonom auf dem Gut Heide, fühlte nach erfolgreichem 80-jährigem Leben sein irdisches Ende nahen. Er wollte seinen Frieden mit dem Geistlichen seines Dorfes, dem er nicht immer zu Gefallen gewesen war, schließen.

Zu diesem Zweck begab er sich eines frühen Herbstabends in das Pfarrhaus, wo er von der Haushälterin empfangen und zum Pfarrer weitergeleitet wurde.

„Guten Abend, Herr Geistlicher Rat", begrüßte er seinen Pastor, welcher den Gruß erwiderte. Platz genommen und ein Glas Wein empfangen, wurde er zum Vorbringen seines Anliegens vom Pfarrer aufgefordert.

„Lieber Herr Pfarrer, ich glaube, meine Zeit auf Erden geht dem Ende zu und ich möchte Ihnen meine Lebensbeichte vorlegen und um Vergebung meiner Sünden bitten."

„Aber sicher, Herr Heide, kommen Sie, wir gehen in die Kirche und im Beichtstuhl können Sie um Vergebung ersuchen." Gesagt, getan und eine Viertelstunde später war alles erledigt.

„Nun, Herr Pastor, ich bedanke mich bei Ihnen, habe aber noch eine große Bitte an Sie". „Nur heraus mit der Sprache", forderte ihn der Geistliche auf.

„Meine Bitte ist etwas außergewöhnlich. Ich möchte um die Taufe meines besten Freundes nachsuchen."

„Was, denn ... Sie haben einen ungetauften Freund?", fragte der Geistliche. „Ja, es ist mein alter Jagdhund Hasso und ich möchte ihn doch gerne nach meinem Ableben im Jenseits wieder treffen."

Erstaunt lehnte der Pfarrer diese Unmöglichkeit ab. „Ich lasse mir die Taufe des Hundes auch was kosten", entgegnete Herr von Heide. „So, so … an welche Summe dachten Sie denn wohl?" Dem Geistlichen kamen die Löcher im Kirchendach in den Sinn. „Vielleicht können wir uns ja einigen."

Nachdem Herr von Heide 20.000 DM für die Hundetaufe anbot, äußerte der Geistliche sein Einverständnis mit der Taufe des Tieres. Schon am nächsten Tag, nach Eintritt der Dunkelheit, taufte er in der Kirche den von Heidschen Hund und die 20.000 wechselten den Besitzer.

Wie der Zufall so spielt, hielt vor den beiden vor der Kirche Stehenden ein Auto und heraus stieg der Weihbischof.

Ein „Grüß Gott" murmelnd, suchte Herr von Heide mit seinem Hund das Weite. Nach Begrüßung seines Amtsbruders wollte der Bischof wissen, was der Mann mit seinem Hund gewollt habe. Nun saß der Pastor in der Zwickmühle. Lügen durfte er nicht und die Wahrheit würde nur bestimmt Ärger einbringen.

So war es dann auch, als der Bischof von der Taufe des Hundes erfuhr. Ein riesiges Donnerwetter kam auf den Pfarrer nieder und nur die gezahlten 20.000 DM beruhigten den Bischof etwas.

Nach einer kleinen Überlegung forderte er seinen Untergebenen auf: „Sagen sie Herr von Heide, sein Hund sei nun getauft, aber in den Himmel käme er nur, wenn er auch gefirmt ist!"

Die Maisheiligen

Der Zweite Weltkrieg war zu Ende. Hatte die Bevölkerung in Kriegszeiten schon nicht allzu viel zu essen – einigermaßen versorgt wurde sie trotz aller Schwierigkeiten. Dennoch begann für viele nun der große Hunger. Lebensmittelkarten gab es zwar weiterhin, doch die äußerst knapp bemessenen Zuteilungsmengen waren oft gar nicht vorhanden. In der kalten Jahreszeit kam noch aufgrund des Fehlens von Brennmaterial das große Frieren hinzu. Nur, wer etwas zu tauschen oder zu verschieben hatte, natürlich außer den Bauern, bekam die Möglichkeit, hier und da seine schmalen Lebensmittel- und Kochbestände zu vergrößern.

Alles, was nicht unter Lebensmittel fiel, wie Baumaterial, Möbel, Fahrzeuge etc. erhielt man über Berechtigungsscheine von der amtlichen Beschaffungsstelle und hier beginnt meine Geschichte:

Die jungen Männer unseres Dorfes hatten überall ihre Ohren und ihre ganzen Sinne galten nur der Organisierung von Naturalien und alles, was man evtl. zum Tauschen gebrauchen konnte. Dreh- und Angelpunkt war unsere Freiwillige Feuerwehr.

Es war in unserem Dorfkrug mal wieder die halbe Feuerwehr versammelt als plötzlich Heinrich aufgeregt ins Lokal stürzte: „Kinder, ich habe gerade etwas von meinem Vetter aus der Stadt erfahren. Da soll doch über den Rhein eine große Schiffsladung Mais bis in den Duisburger Hafen verfrachtet worden sein. Der Mais soll über die katholischen Bistümer an die hungernden Gläubigen verteilt werden. Entsprechende Bezugsscheine bekommt man an der Beschaffungsstelle. Stellt euch vor, wir könnten vom Mais eine Ladung abbekommen, das wäre doch eine großartige Sache.“

„Mensch, Dösskopp, bist du ein Pfarrer? Wenn doch nur diese den Mais für ihre Schäfchen erhalten, wie willst du dann davon bekommen?“, mischte sich Tönns ein. „Ja, das ist das Problem. Ich dachte, vielleicht habt ihr eine Idee wie wir an den Mais kommen könnten“, entgegnete kleinlaut der Hinnerk. Die Sache war in der Runde schnell als nicht machbar abgetan und das Gespräch wendete sich anderen Dringlichkeiten zu.

Nur einen, Jupp, der Spinner genannt, ließ der Mais nicht los. Seinem Gesicht konnte man ansehen wie angestrengt es hinter seiner Stirn arbeitete. Da! Nun war es soweit und Jupp verschaffte sich Gehör: „Ich habe es, wir ziehen uns entsprechend an und werden als Abgeordnete unserer Kirche, St. Michael, bei der Beschaffungsstelle vorstellig und bitten um Erteilung eines Berechtigungsscheines zum Maiserhalt. Natürlich muss einer von uns den Pastor machen, sonst funktioniert die ganze Sache nicht.“ „Au, au, das ist aber ein gewagtes Stück“, gab Tönns zu bedenken. „Und wer macht den Pastor, unser Hochwürden gibt sich bestimmt nicht dafür her“, zweifelte Karl.

„Ist auch nicht nötig, ich mach den Geistlichen. Mit meiner Fülle und Größe und im Hochzeitsanzug meines Vaters, der passt mir wie angegossen, geb ich bestimmt eine achtungsvolle Figur ab. Das kleine Silberkreuz meiner Oma am Rockaufschlag wird die letzten Zweifel an meiner Echtheit vertreiben“, erklärte Jupp.

Und so kam es, dass zwei Tage später drei friedlich in schwarz gekleidete Herren den Zug ins Ruhrgebiet bestiegen und einige Stunden später in der Beschaffungsstelle vorstellig wurden.

Dort ging es dann eigentlich sehr schnell, als nach Abfragen der Einwohnerzahl unseres Dorfes und Nennung der Kirchengemeinde, der Bewilligungsschein über sage und schreibe 20 Zentner Mais entgegengenommen werden konnte. Jetzt aber ab, ehe es sich der Beamte anders überlegte. So viel Glück hatten die Drei nun wirklich nicht erwartet.

Mittels der alten Klapperkiste von LKW aus früheren Heeresbeständen, dessen Halter der Onkel von Jupp war, holten sie dann den Mais aus dem Duisburger Hafen ab. Nach der Verpflichtung zur Verschwiegenheit und der Verteilung auf alle Feuerwehrmitglieder war jetzt jeder im Besitz von gut 20 kg Mais. Zu damaliger Zeit ein kleines Vermögen.

Herausgekommen ist die Sache nie, doch wenn es mal wieder lustig herging bei unserer Feuerwehr, dann fiel schon mal unter Augenzwinkern der Name „Die Maisheiligen“. Doch die anderen Dorfbewohner konnten mit dem Spitznamen nichts anfangen.

Die Zigeunerin

Es ist schon lange her und doch ist die alte Geschichte in unserem Dorf nicht vergessen. Sie trug sich im Ersten Weltkrieg zu und wurde nur hinter vorgehaltener Hand und ganz nah am Ohr des jeweiligen Zuhörers weitergegeben.

Wir haben in unserem Dorf zwei Handwerker, den Schuhmacher Wilhelm und den Schneider Zmuda, dessen Vorfahren aus Oberschlesien stammen. Um diese Zmudas geht es hier:

Kurz vor Ausbruch des Krieges 1914/18 kam der junge Schneidersmann in unser Dorf. Hier traf er auf Liesbeth, die dritte Tochter des Bauern Hellwig. Es ging schnell und die beiden wurden ein Paar. Hellwig stellte ein Stück Land zur Verfügung, auf welchem sich Zmuda und Frau ein kleines Häuschen bauten. Als alles fertig war und der Schneider die ersten Anzüge für die größeren Bauern genäht hatte, brach der Weltkrieg aus und Jan Zmuda wurde Soldat. An der Westfront erhielt er eine Verwundung am Unterleib. Nach der Genesung folgten 14 Tage Urlaub, welche er mit Liesbeth verbrachte. Diese war jedoch sehr enttäuscht, als es im Bett mit Jan nicht mehr so klappte wie früher.

Einige Wochen später, Jan war schon lange wieder an der Front, kam eine Zigeunerin in unser Dorf und bot den Leuten ihre Zukunftsvorhersagen an. Liesbeth kam diese gerade recht, wollte sie doch wissen, wie es mit Jan so weiterging. Die Zigeunerin merkte bald, um was es Liesbeth ging. Sie prophezeite der Schneidersgattin die Rückkehr ihres Mannes am Kriegsende. Das wollte Liesbeth nun nicht und sie bat die Zigeunerin, ihren Mann tot zu sprechen. Nach dreitägigen Riten, guter Bewirtung und Unterkunft sagte sie Liesbeth das Ende ihres Mannes voraus. Für diese gute Nachricht bekam sie das Oberbett und das Kopfkissen von Jan. Dieser brauchte es ja in Zukunft nicht mehr und sie zog, eine glückliche Liesbeth zurücklassend, davon.

Der Krieg näherte sich dem Ende und dem Ende von Liesbeths Freude. Schon bald nach der Kapitulation stand Jan vor der Haustür und wollte sein altes Leben wiederbeginnen. In den ersten Tagen jedoch ohne sein Bettzeug, welches seine Frau als gestohlen angab.

Verraten hat sie es Jan nie, wo es geblieben war und von Weissagen wollte sie ihr Leben lang nichts mehr wissen. Ich glaube, Jan hat es nie erfahren, dass Liesbeth ihn auf dem Felde der Ehre durch Zigeunerkraft belassen wollte.

Ätsch!

Der Wachhund

Westhues haben eine neue Magd, eine gut gewachsene mit leuchtend rotem Haarschopf. Bauer Westhues war bei der Vorstellung der jungen Deern sofort Feuer und Flamme, Elfriede, seine Frau aber zuerst sehr skeptisch. Agnes, so hieß die neue Kraft, zerstreute durch ihren Einsatzwillen doch recht bald die Zweifel der Bäuerin.

Unter den jungen Männern unseres Dorfes hatte sich die Anwesenheit der roten Schönheit bald herumgesprochen und so mancher schlich zu nächtlicher Stund um das Westhuessche Anwesen herum. Es lohnte sich, denn schon bald stellte sich heraus, dass Agnes gegen ein Schäferstündchen nichts einzuwenden hatte. Während Westhues den Schlaf der Gerechten schlief, vergnügte sich ihre Magd mit den strammen Dorfburschen in ihren Federn. Und nun kommt mal wieder unsere Feuerwehr ins Spiel. Gelegentlich einer anstrengenden Feuerwehrssitzung, etliche Gedecke, ein Bier, ein Korn waren schon verkonsumiert worden und die Jungen schon sehr locker, hänselte Jupp den Bauern Westhues mit dessen freigiebiger Magd. Dieser fiel aus allen Wolken als er hörte, was zu nächtlicher Stunde unter seinem Dach geschah. Um der Angelegenheit Abhilfe zu schaffen, kaufte er sich einen schönen, kräftigen und vom Verkäufer als sehr scharf angepriesenen Schäferhund.

Die nächsten Tage werkelte er in der Zimmerkammer herum. Das Produkt seiner Arbeit war dann eine stabile, hölzerne Hundehütte. Nun wurde Harras, der Schäferhund, mittels einer Eisenkette an diese befestigt und die Hütte fand Platz unter dem Fenster von Agnes Zimmer.

„So, Elfriede, jetzt werden wir wieder unsere Ruhe vor diesen heißen Dorfburschen haben und Harras wird dafür sorgen, dass Agnes wieder auf den Pfad der Tugend zurückfindet.“ Damit nun alle im Dorf wussten, dass das Bett von Agnes durch einen scharfen Hund bewacht wurde, erzählte Westhues bei der nächsten Zusammenkunft der Feuerwerkskollegen: „Ich habe mir einen bissigen Hund zugelegt, welcher dafür sorgt, dass unsere Magd einen ruhigen Schlaf hat.“

Ein paar Stunden später, alle hatten schon einen sitzen, boten Albert und Ferdinand Westhues eine Wette an.

„Heinz“, so hieß Westhues mit Vornamen, „wir wetten mit dir um eine Kiste Bier, dass dein Hund mitsamt seiner Hütte vor der Wirtschaftstür steht, und zwar, ohne jemand gebissen zu haben.“

„Ihr Spinner, das versucht einmal. Aber macht vorher euer Testament. Der Hund wird euch schön auseinandernehmen. Die Wette gilt, ihr könnt schon mal das Bier beim Wirt für mich bestellen, falls ihr hinterher nicht mehr dazu in der Lage sein könntet.“

Der Westhues, Heinz war also einverstanden, und Albert und Ferdi zogen los.

Ihr Weg führte aber erst durch die Wirtschaftsküche. Mit ein paar Wiener Würstchen und einigen abgenagten Kotelettknochen bewaffnet, kamen sie bei Harras Hütte an. Dieser war mit dem Erscheinen der beiden erst gar nicht einverstanden, beruhigte sich jedoch nach Erhalt der fleischlichen Köstlichkeiten und hatte auch nichts gegen die Verladung seiner Hütte, an welcher er ja angekettet war, auf den kleinen Flachwagen, der auf Westhues Hof stand.

Während Harras sich mit den Knochen beschäftigte, zogen die beiden Hund, Hütte und Wagen vor die Eingangstür der Gaststätte. Albert meldete Heinz das Ankommen seines Hundes vor der Kneipe. Alles stürzte nach draußen, wollte doch jeder die angeblich so scharfe Bestie und vor allem das Gesicht von Westhues sehen, wenn er Harras zu sehen bekam.

„Das gibt es doch gar nicht! Habe ich doch diesen scharfen Hund, welcher sich jetzt als Schoßhund entpuppt, teuer zur Bewachung meiner Agnes gekauft und jetzt steht er hier und kaut friedlich an einem Knochen. Bringt mir eine Flinte, dieser Köter muss beseitigt werden“, tobte er los.

Alle lachten und freuten sich über das Gelingen der Hundevorführung durch Albert und Ferdinand. Heinz musste sein verlorenes Bier bezahlen und die beiden brachten Harras nebst seiner Wohnung zurück auf den Westhuesschen Hof.

Zur Beruhigung aller Gemüter: Harras lebt noch heute. Ob Agnes weiterhin Bettfreuden erlebte, ist nicht bekannt!

Das verschwundene Auto

Alarm! Alarm! Ein echter oder nur zur Probe? Laut heulen die zwei, jeweils am Ende unseres Dorfes stehenden Sirenen, ihren schrillen Ton in die spätnachmittägliche Stille. Es ist kaum Sechs Uhr und kurz vor dem Läuten des „Engel des Herrn“. Ein paar Minuten später erscheinen die ersten Feuerwehrmänner zu Fuß, das sind die, die nah wohnen und die weiter Behausten per „Fitze“, am Spritzenhaus. Noch ist keine Viertelstunde vergangen und alle, bis auf Alwin, der immer als Letzter kommt, sind versammelt. Tönne, der Wehrführer, früher Feuerwehrhauptmann genannt, erklärt die Situation: „Bei Bauer Wittkamp brennt die Scheune, sicher durch Selbstentzündung des Heus. Also auf, Leute, packen wir es an!“ Walter springt hinter das Steuer des alten Diesels und alle Mann auf die Seitenbänke des Löschzuges.

Tatü-tata, tatü-tata … und ab geht es über die Dorfstraße Richtung Wittkamp, der selbst auch zu den Wehrleuten zählt. An der Zufahrt zum angekommenen brennenden Hof, sie ist gut 100 Meter lang, wirft Albert die Pumpe an und wie schon oft erprobt, rollen die Kameraden die Schläuche aus, entlang dem Weg bis zum Wittkampschen Hof.

Gerade als Albert das Ventil zum Wasserbehälter öffnen will, erscheint, wie immer zu spät, Alwin mit seinem fast neuen Mercedes. Er springt heraus, vergisst sogar die Tür zu schließen und hastet auf seinen krummen Säbelbeinen zum Hof hinüber.

„Na, so was, lässt der den Wagen hier einfach offen an der

Straße stehen“, murmelt sich Albert in den Bart. „Warte nur, dir werde ich einen Denkzettel verpassen“, kommt noch hinterher.

Als das Wasser läuft, steigt er in den offenen Wagen, wo auch noch der Zündschlüssel steckt, startet ihn, fährt ihn ein Stückchen weiter in den Kampweg und stellt ihn hinter der Scheune von Bauer Pagels ab. Dann begibt er sich wieder zum Löschzug, um dort auf das Zeichen von Tönne, das Wasser abzustellen, zu warten. Der angenommene Brand ist gelöscht, die Schläuche werden aufgerollt und auf dem Spritzenwagen verstaut. Alle steigen auf und die Rückfahrt zum Spritzenhaus erfolgt. Nach der Übung erfolgt, wie immer, das zweite Löschen im „Gasthaus zur Linde“.

„Sag mal, Alwin, bist du nicht mit dem Auto gekommen?“, fragt Albert den Alwin. Der überlegt kurz, springt auf und läuft die Dorfstraße zurück, um seinen Wagen zu holen.

An der Wittkampschen Zufahrt steht jedoch kein Auto und weit und breit ist auch keins zu sehen. Alwin wird unsicher. Ist er nun mit dem Wagen gekommen oder zu Fuß? Zurück „In der Linde“ bestätigt Albert ihm, dass er mit dem Mercedes gekommen sei. Alle bestätigen Alwin in der Meinung, der Wagen sei gestohlen.

Später, wieder zu Hause, meldet er sein Auto per Telefon bei der Polizei als gestohlen an. Wird jedoch zum nächsten Tag auf das Revier zum Protokoll bestellt. Der Wachtmeister ist sehr erstaunt als Alwin nicht einmal das Kennzeichen seines Wagens nennen kann, zumal auch noch die Fahrzeugpapiere im Auto liegen.

Der Mercedes war weg und es muss nicht extra erwähnt werden, dass Käte, seine Frau, ihm kräftig die Leviten gelesen hatte und der Haussegen mächtig schief hing.

In der Vornacht, als alles schlief, hatte Albert mit dem alten Hermann Alwins Auto heimlich zum Kottmannhof, Alwin und Kätes Bleibe, gebracht und dort in der alten Scheune untergebracht.

In den folgenden Tagen meldete keiner, auch nicht die Polizei, den Wagen als gefunden. Er blieb verschwunden und Alwin hatte im Geist das Auto schon abgeschrieben, als er bei der Raiffeisenkasse Albert traf. Ihr Gespräch drehte sich natürlich um das geklaute Auto.

„Sag mal, Alwin, hast du auch wirklich überall nach dem Mercedes gefragt und dich umgeschaut?“, fragte Albert. „Ja, habe ich. Der Wagen ist weg“, entgegnete Alwin. „Bist du auch sicher, dass du den Wagen zur Übung mit hattest?“, lautete die nächste Frage. „Ich meine, ja. Alle anderen haben das auch bestätigt.“

„Na, ich weiß nicht. Du bist ja oft ganz schön tüdelig. Schau noch einmal zu Hause nach, vielleicht steht er ja in eurer alten Scheune“, sprach augenzwinkernd Albert. „Kann nicht sein, ich stelle den Wagen nie in die alte Scheune“, entgegnete Alwin, schnappte sein Fahrrad und fuhr, nach einem Abstecher in die Dorflinde, nach Hause.

Jetzt doch unsicher geworden, schaute er in die Scheune und man sollte es nicht glauben, da stand das gute Stück. In seine Freude fiel jedoch ein starker Wermutstropfen. Wie sollte er seinen Feuerwehrkollegen und der Polizei die Sache mit seinem Wagen erklären, ohne sich bis auf die Knochen zu blamieren? Es ließ sich einfach nicht vertuschen und Alwin musste für geraume Zeit den Spott aller über sich ergehen lassen.

Das Katzenfell

Die mittleren und größeren Bauern unseres Dorfes zählten es zu ihrer Ehre, der Jagd zu frönen. Gab diese doch immer wieder Anlass, für ein paar Stunden, Haus, Hof und der Feldarbeit den Rücken zu kehren und dann die alljährlichen Treibjagden mit „Hallali", Jägertrank und deftigem Essen. Hier soll nicht die Rede von alldem sein, sondern von der alltäglichen Jägerarbeit: der Revierbegehung.

Bei dieser Aufsicht war dem jagenden Bauern Tumbusch des Öfteren die dreifarbige Katze der Bäuerin Weber in die Quere gekommen und nicht zum ersten Mal hatte er schon seine Schrotflinte im Anschlag, um dieser Wilderin den Garaus zu machen. Hätte er die Auseinandersetzung mit der Weberin nicht gescheut, hätte er schon beim ersten Flintenheben den Hahn durchgezogen.

Bei gelegentlichen Treffen der beiden forderte Tumbusch die Weber immer wieder auf, ihre Katze festzuhalten, damit sie nicht in seinem Revier auf Jagd ginge. „Wenn du auf meine Katze schießt, dann kannst du mich kennen lernen, ich versohle dir dein Fell, bis du bunt und blau bist", geiferte die Weber und wer die beiden so zusammen sah, Tumbuschs Schneidermännchen-Figur und die gut zwei Zentner wiegende Weber, der glaubte ihrer Äußerung sofort.

Eines Tages war es dann doch soweit: Ein Knall und ein Purzelbaum und das Wildern der Weberkatze war zu Ende. Jäger Tumbusch warf den Katzenbalg neben dem Weberschen Hoftor in die Hecke und radelte nach Hause. Am nächsten Tag, einem Sonntag, trafen sich die Zwei nach dem Hochamt vor der Kirchentür. „He, Tumbusch, hast du meine Katze nicht gesehen? Seit gestern ist sie verschwunden und ich habe dich in Verdacht, dass du mit ihrem Fernbleiben etwas zu tun hast."

Mit vollkommen unschuldigem Gesicht antwortete Tumbusch: „Aber Frau Weber, Ihrer schönen Katze könnte ich doch nie etwas zu Leide tun." Nach diesem Zwiegespräch gingen beide ihres Weges, Tumbusch zum Frühschoppen und die Weber an den heimischen Herd.

Die Katze blieb verschwunden und ein paar Tage später, bei einem Zufallstreffen, äußerte die Weberin gegenüber Tumbusch wieder ihr Misstrauen. Dieser entgegnete: „Haben Sie denn schon ihren ganzen Hof abgesucht, alle Ecken und auch die Hecke zur Straße? Vielleicht ist sie von einem Auto überfahren worden und liegt irgendwo herum." Schon am gleichen Abend läutete bei Tumbusch das Telefon. „Hier Tumbusch!" Am anderen Ende meldete sich die Bäuerin Weber: „Heinrich, ich habe die Katze gefunden. Sie lag tot neben unserer Einfahrt in der Hecke. Nur komisch, sie hat etliche kleine Löcher im Fell. Du hast sie doch nicht mit der Schrotflinte erschossen. Du weißt, was dir dann blüht!"

„Ja, wirklich komisch", entgegnete Tumbusch. Doch da kam ihm der rettende Gedanke: „Weberin, die Katze ist sicher von einem Auto mit Speikreifen überfahren worden." „Das kann angehen", meinte auch die Bäuerin und beendete damit die Katzengeschichte.

Erst lange Zeit später bekannte sich Tumbusch des Katzenmordes im engsten Freundeskreis und löste damit herzliches Gelächter aus.

Die verschwundene Leiche

Nach einer nächtlichen Zechtour befand sich Josef Knackenbrink, der Viehhändler unseres Dorfes, mit seinem Kleinwagen, auf der unser Dorf tangierenden Bundesstraße in Richtung seines Hauses. Kurz vor der Abbiegung in die Dorfstraße sah er etliche Scheinwerfer und Blaulichter in der Dunkelheit auftauchen. Ein Unfall, ging es ihm durch den Kopf, und ehe er es so richtig mitbekam und sein Alkoholspiegel tat das Seinige dazu, krachte er ungebremst auf ein am Straßenrand abgestelltes Fahrzeug.

Sein Kopf schlug auf das Lenkrad auf und Josef verlor das Bewusstsein … und das war gut so. Er bekam somit nicht mit, wie zwei Polizisten ihn mit der Bemerkung: „Der ist auch hin" auf den Grünstreifen neben der Straße ablegten und mit einer Plane zudeckten.

Zu diesem Zeitpunkt kam ich nach Hause geradelt und traf auf das Unfallgeschehen.

Bei näherem Hinsehen erkannte ich den Wagen unseres Viehhändlers und daneben einen zugedeckten Körper. Ob das wohl Knackenbrink war? Neugierig hob ich die Plane hoch und schaute in die wie tot wirkenden offenen Augen unseres Viehhändlers. Als dieser mich erkannte, wurde er plötzlich sehr lebendig und flüsterte mir zu: „Mensch, Jupp, gut, dass du kommst, ich muss hier weg, ohne dass mich die Polente sieht. Ein Glück, dass die mich für tot hielten und nicht gemerkt haben, dass ich sturzbesoffen war. Wenn die gleich merken, dass ich noch lebe und meine Alkoholfahne feststellen, dann bin ich dran und meinen Führerschein bestimmt los."

Jetzt hieß es schnell handeln. Knackenbrink, mittlerweile wieder nüchtern, setzte sich auf mein Rad und fuhr quietschvergnügt an der Unfallstelle und der Polizei vorbei nach Hause.

Nachdem ich mir alles angesehen hatte, folgte ich ihm zu Fuß nach. Der Viehhändler lag schon in seinem Bett, als ich mein Rad abholte. Am nächsten Tag kam Josef Knackenbrink bei mir vorbei, um sich für seine Rettung, wie er es nannte, zu bedanken.

„Stell dir vor, Jupp, die Polizei kam später noch bei uns vorbei, um den Unfall mit meinem Wagen und meinen Tod zu melden. Meine Frau machte denen klar, dass ich lebend im Bett läge. Ich musste zur Befragung aufstehen, konnte den Beamten jedoch keine Erklärung über die Beteiligung meines Unfalls abgeben. Danach gab ich den Polizisten noch den Diebstahl meines Wagens – welcher doch immer auf unserem Hof stehen würde – zu Protokoll.“ Wochen vergingen und die ganze Angelegenheit schien im Sand zu verlaufen. Nur noch das zertrümmerte Knackenbrinksche Auto erinnerte daran!

Das Geflügel auf dem Dach

Von Zeit zu Zeit gab es bei uns Volkszählungen, aber auch das Vieh der Bauern wurde amtlich gezählt. So auch mal wieder … und jetzt sehr genau … in meiner Knabenzeit zu Beginn des Zweiten Weltkrieges.

Bevor bei Kötter Amesberg die Zähler auftauchten, versteckte Mama Lieschen von ihrem Hühnervolk von 28 Hennen und einem Hahn, 16 Eierlegende auf dem Dachboden im ehemaligen Taubenschlag.

In der folgenden Zeit, jedes Mal, wenn der Zähler auftauchte, mussten diese wieder auf dem Boden verschwinden.

Dieses Versteck war nur möglich, weil Amesbergs am Ende des Dorfes wohnten und somit das Erscheinen des Zählers frühzeitig mitbekamen.

Eines Tages war es wieder mal soweit. Der Zähler erschien und Mama Lieschen transportierte in aller Eile ihre Hühner, welche jetzt die Zahl 20 erreicht hatten, in zwei Säcken in den Taubenschlag. In ihrer Hektik vergaß sie den Verschlag zu verschließen, welches üble Folgen hatte.

Trotz allem Pech ging die Sache noch gut aus, wurde jedoch allen Nachbarn bekannt.

Was war passiert? Die Hühner waren durch die offene Tür und durch die Dachluke aufs Dach geflattert und standen nun in Reih und Glied auf dem Dachfirst. Amesberger und zum Glück auch der Zähler, hatten dies jedoch nicht bemerkt. Lieschen hatte zu ihrem Schreck, welcher ihr später beim Anblick ihrer Hühner auf dem Dach, in die Glieder fuhr, auch noch das Gelächter ihrer Nachbarn zu ertragen.

Dies alles hielt sie aber nicht davon ab, bei der nächsten Zählung ihr Federvieh wieder in Deckung zu bringen.

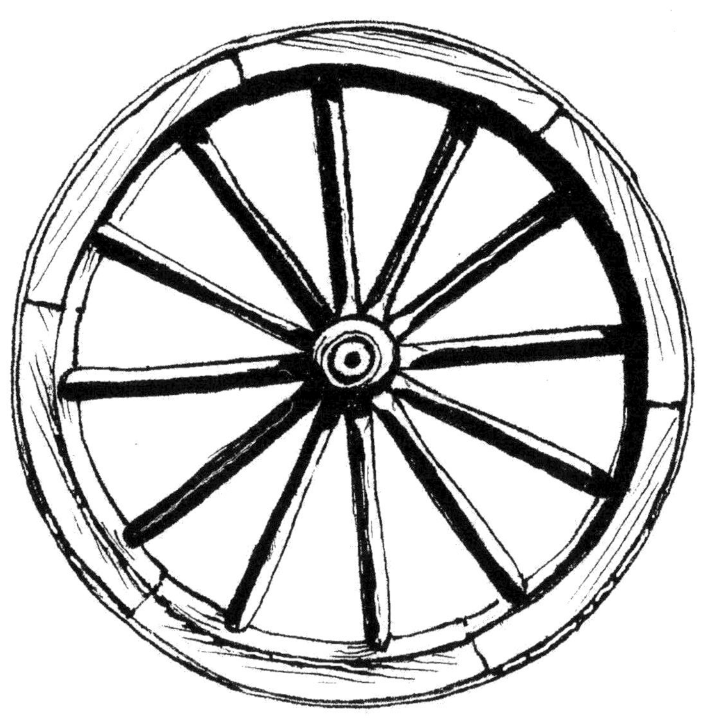

Der Teufel hat den Schnaps gemacht

Es begab sich Jahre nach dem Krieg und mein altes Fahrrad war schon lange durch ein schönes, neues Rad mit Gepäckträger ersetzt worden, dass ich gegen Mitternacht meine Marie, auf diesem Träger sitzend, ins nächste Dorf nach Hause brachte.

Die Landstraße, welche wir benutzten, führte ein erhebliches Stück durch den Wald, in dessen Mitte das alte Forsthaus stand. Die nächtliche Stille wurde in der Ferne durch das näherkommende Geknatter eines Mopeds gestört und kurz nach dem Forsthaus kam uns ein Moped mit hin- und herschwankender Beleuchtung entgegen.

Das konnte nur der als Schluckspecht weit und breit bekannte Förster Überall sein. Richtig, beim Vorbeifahren erkannte ich ihn und den Freund seiner Schwiegermutter wie zwei nasse Säcke auf dem Zweirad hocken. Die Beiden waren so betrunken, dass sie uns im Vorbeifahren gar nicht mitbekamen.

Nachdem ich Marie vor ihrer Haustür abgesetzt hatte, strampelte ich meinen Weg zurück in meine Wohnung.

Vor dem Forsthaus sah ich im schwachen Schein meiner Fahrradlampe etwas auf der Fahrbahn liegen. Ich stieg vom Rad und sah das Förstermoped verbogen an der Straße liegen. Überall hing leblos wie ein Fragezeichen zwischen Rahmen und Vorderrad eingeklemmt; und wo war der alte Erhard geblieben? Bei einem angerissenen Zündholz entdeckte ich diesen am Straßenrand, halb um einen Baumstamm gewickelt.

Was tun? Ich musste wohl oder übel die Förstersfrau wecken und ihr den Unfall mitteilen. Nach heftigem Klopfen an der Haustür erschien das mit einer Haube verdeckte Haupt der Überallschen, ihres Zeichens Frau Förster, was sie aber auch wissen wollte, am Fenster.

„Hast du, alter Saufkopf, wieder den Schlüssel vergessen? Immer dasselbe, doch heute bleibst du draußen, kannst ja deinen Rausch im Stall ausschlafen. Ich komme jedenfalls nicht herunter, um dir die Tür zu öffnen“, donnerte es von oben herab. Nun musste ich dagegen anschreien, wollte ich nicht, dass sich das Fenster wieder schloss.

„Frau Überall, warten sie ich bin es, der Meyer Franz. Ihr Mann und der Freund Ihrer Mutter liegen auf der Straße. Sie sind mit dem Moped verunglückt.“

Jetzt ging es los: Ein wüstes Geheul und Gejammer, welches bald zweistimmig erscholl. Die Tür wurde aufgerissen und zwei nachthemdbekleidete Gestalten eilten mit einer Taschenlampe in der Hand zur Straße. Als ich ihnen folgte, beugten sich die Beiden schon über die leblosen Sufkies und stimmten ihre „Totengesänge“ an. Zu früh, wie sich bald herausstellte. „Nun mal los, schaffen wir die Zwei ins Haus und sehen nach, was ihnen fehlt“, forderte ich die beiden Weiber auf.

In der Küche, den einen auf der Ofenbank, den anderen auf dem alten Ledersofa deponiert, stellte sich bald heraus, dass außer ein paar blauen Flecken und Beulen, den Beiden nichts fehlte. Sie waren so „haubitzenvoll“, dass sie von alldem nichts merkten.

Die bei dieser Feststellung abrupt still werdenden Weiber ergingen sich bald in wüsten Schimpfwörtern, welche ich hier nicht wiederholen möchte.

Wie man sicher später erzählte, hatten die beiden Männer am nächsten Tag erheblich mehr Beulen am Kopf und dazu ein paar Veilchen an den Augen als direkt nach dem Unfall.

Die Katze lässt das Mausen nicht, sagt man. Auf die beiden Kerle angewandt: Sie ließen das Trinken nicht!

Einige Jahre später, aus dem Moped war längst ein Auto geworden und aus dem Förster ein Oberförster, war es dann doch soweit.

Oberförster Überall machte mit einem Gleichgesinnten einen mehrtägigen Autoausflug nach Frankfurt. Als Reiseproviant waren etliche Kisten Bier und Flaschen Korn geladen. Schon beim heimatlichen Frühstück wurden die ersten Kurzen und Gläser Bier getrunken. Diese „Steinpilz-Kuren“ wurden auf jedem Rastplatz an der Autobahn wiederholt. Das Ende vom Lied: Frankfurt wurde nie erreicht. Stattdessen erreichte noch am gleichen Tag das Ergebnis eines tödlichen Unfalls das kleine Försterhaus im Wald am Rande unseres Dorfes.

Mäusejagd

Da war einmal die Sache mit den weißen Mäusen. Willi Koppen, sein Elternhaus stand allein weit hinten auf freiem Feld. Er saß zwei Jahrgänge über mir im gleichen Klassenraum, vermachte meiner Schwester Inge eine weiße Maus. Zu Hause hatten wir schon einen hochwandigen Karton als Mäusewohnung hergerichtet und auf den Dachboden gestellt.

Nun kam der Tag der Übergabe. Willi hatte die Maus der Länge nach in seinen Griffelkasten geschoben und teilte mir nach der Messe mit, sie bei sich zu haben. Während des Unterrichts, der Lehrer schrieb gerade an der Tafel und drehte uns den Rücken zu, wurde Willis Griffelkasten über zwei Tische hinweg mir zugereicht. Öffnen sollte ich den Kasten erst zu Hause, im Beisein meiner Schwester. Ich war schon zwei Stunden im Besitz der eingeschlossenen Maus, als ich es nicht mehr länger erwarten konnte. Ich musste das Tier sehen, und sei es nur die Nasen- oder Schwanzspitze. Vorsichtig schob ich den Holzdeckel etwas zurück. Es klemmte und ich musste schon mehr Druck geben, um ihn verschieben zu können. Dann ging alles sehr schnell. Der Deckel gab plötzlich nach und die Maus, nach Stunden in ihrem Gefängnis endlich Licht sehend, flitzte durch die erweiterte Öffnung über den Tisch, sprang Hubert auf sein bloßes Knie, welcher einen ersticken Schrei ausstieß. Von dort auf den Boden und verschwand in die am Klassenende in Regalen lagernden Schultornister. Schon bei Huberts Schrei fuhr Lehrer Lehmann herum: „Wer hat da geschrien, was ist da los?“, wollte er wissen. Was los war, konnte er jedoch selbst sehen. Ich hatte mit drei, vier Sätzen die Büchertaschen erreicht und suchte dort nach der entsprungenen Maus. „Sehrbrock! Was machst du da? Bist du wahnsinnig geworden, mitten im Unterricht in der Klasse herumzulaufen?“

„Herr Lehrer, Herr Lehrer, eine weiße Maus ist durch die Klasse gelaufen und hat sich hier in den Tornistern verkrochen“, gab ich zur Antwort. „Du spinnst wohl mal wieder, wo soll hier eine weiße Maus herkommen?“ Er kam jedoch zu mir und nicht allein, nein …das Jagdfieber hatte alle Schüler gepackt und es ging hoch her beim Mäusefang. Ich hatte sie jedoch in einem bestimmten Ranzen verschwinden sehen und konnte sie als erster erwischen. Triumphierend hielt ich sie, für alle sichtbar, in die Höhe.

„Tatsächlich, wo kommt das Tier nur her?“, murmelte Herr Lehmann vor sich hin. „Hat vielleicht jemand die Maus von zu Hause mit in die Schule gebracht?“, klang schon bedrohlicher seine Stimme durch den Klassenraum. Keiner meldete sich, auch dann nicht, als er seine Frage noch einmal wiederholte.

„Herr Lehrer, ich kann die Maus in einen Kasten geben und nach der Schule, wenn sich keiner als Eigentümer meldet, mit nach Hause nehmen.“ Lehmann war mit meinem Vorschlag einverstanden. Sicher war er auch froh, das Tier los zu sein.

Die Maus landete wieder im Griffelkasten und zwei Schülern, Willi und mir, fiel ein riesiger Stein vom Herzen.

„Na, mein Freund, das ist ja noch einmal gut gegangen“, sagte Willi in der Pause zu mir.

Zu Hause bekam meine Schwester die Maus überreicht, wobei unsere Mutter gerade kein begeistertes Gesicht machte.

Der Maus folgten später noch zwei weitere. Das ist jedoch eine andere Geschichte.

Der betrunkene Hahn

Die Familie Bernau, ihres Zeichens Land- und Gastwirte mit eigener Schnapsbrennerei, hatten mehrere Söhne. Einer davon, Adalbert, auch in unserem Alter, zählte jedoch nicht zu unseren Freunden, nahm uns mal mit auf seinen elterlichen Hof. Er wollte uns etwas Besonderes, nie von uns Gesehenes, vorführen.

Die ganze Sache begann für uns mit dem Verzehr von Adalberts serviertem Kuchen. Danach sollte das Besondere beginnen. Zuerst holte unser Gastgeber ein Glas voll Schnaps aus der Brennerei, tauchte dann die Kuchenreste in den Schnaps. Mit lautem „Kikeriekie-Rufen“ lockte er das Federvieh zu sich. Allen voran kam ein bunter Hahn angetrabt. Ihm galt die Aufmerksamkeit von Adalbert.

Alles, was wir nun sahen, war für uns was vollkommen Neues, wie Adalbert uns vorausgesagt hatte. Der Hahn bekam die mit dem Alkohol getränkten Kuchenstücke vorgeworfen, über welche er sich auch sofort hermachte. Es dauerte nicht lange und der Hahn wurde äußerst lebendig. Sein dann entsetztes Krähen veranlasste seine Hühnerdamen, um ihn herum zu schwärmen. Für das ganze Hühnervolk war dieses Getue wohl eine Aufforderung zur Hochzeit. Doch so richtig kam es nicht dazu, denn jedes Mal, wenn der Hahn auf eine seiner Hennen stieg, fiel er haltlos mal auf der einen oder anderen Seite wieder herunter. Seine vergeblichen Liebesmühen und die immer mehr einsetzende Wirkung des Alkohols ließen ihn an seiner Männlichkeit zweifeln und er verschwand hinter der Gartenhecke.

Münsterländer
Lahmer Hahn
40% Vol. Deutsches Erzeugnis

Beim Anblick dieses „Tohuwabohus“ wälzten wir uns vor Lachen und außer Atem auf dem Boden und werden einem nichtsahnenden Beobachter genauso ein lustiges Bild geboten haben, wie der betrunkene Hahn uns.

Ja, ja, im Schnaps da steckt der Teufel, hatte mir meine Lüner Großmutter mal gesagt. Wenn er sich aber von so einer lustigen Seite zeigte, dann war er ja gar nicht solch ein unangenehmer Geselle.

Die Führung

Nach dem großen Krieg trafen sich in meiner Heimatstadt ein paar heimatverbundene Männer, um den Aufbau eines Freilichtmuseums zu verwirklichen. In mühsamer Arbeit, jedoch mit großem Zuspruch vieler Bürger, wurde Geld gesammelt für den Erwerb sehr alter Bauwerke. Diese wurden abgebaut, marode Bauteile ersetzt und auf dem erworbenen Gelände wieder aufgebaut. Jetzt kommen jährlich tausende Besucher, um die Anlage mit den verschiedenen Häusern, wie Bauernhöfen, Mühlen, Handwerkshäusern etc. anzusehen. Mehrmals täglich finden Führungen statt. Von einer besonderen möchte ich hier erzählen:

Herr Tiedken, Führer Nummer Zwei, empfängt vor dem Torhaus auf der Brücke über der Gräfte seine Besucher. Er beginnt hier seine Erklärungen immer mit einem Gag. Stehen alle um ihn herum, dann holt er aus seiner Jackentasche ein trockenes Brot hervor, feuchtet es im Mund mit Speichel an und spuckt es im Bogen über das Brückengeländer ins Wasser, mit der Bemerkung, so seine Karpfen zu füttern.

Wieder einmal steht Herr Tiedken mit einer Schar von Besuchern auf der Brücke, um die Karpfenfütterung vorzunehmen. Das angefeuchtete Brot fliegt ins Wasser und der Fisch reißt sein Maul auf, um den Brocken zu schnappen.

Doch – oh Schreck - was kommt denn da noch mitgeflogen? Leichenblass verfolgt der Führer Nummer Zwei den Freiflug seiner Zahnprothese in die Gräfte. Die Schadenfreude der Besucher ist unverkennbar. Was nun? Mit hochgekrempelten Hosenbeinen steigt Herr Tiedken in die undurchsichtige Brühe und findet wirklich, nach etlichen Griffen in den Schlamm, das Gebiss.

Nach erster Reinigung mit dem Schnupftuch steckt er es wieder in den Mund. Doch sein Gesicht wird immer länger und er reißt die Prothese wieder heraus und wirft sie zurück in das Wasser der Gräfte.

Es war nicht sein Kauwerkzeug. Ein Anderer muss es schon früher in die Gräfte gespuckt haben. Vielleicht hatte schon jemand vorher den Gedanken der Fischfütterung.

Wieder ins Wasser, wurde das richtige Gebiss bald gefunden und die Führung konnte beginnen.

Herr Tiedken hatte ab diesem Tag die Karpfenfütterung nicht mehr in seinem Programm.

Eigentlich schade!

Papa Heuss

Es war in den 60er Jahren als die Ruhrknappschaft (Krankenkasse der Bergleute) im Odenwald das Schloss Schöneberg erwarb und dieses zu einem Vorsorgeheim für Bergleute umbaute.

Nach 1 ½ Jahren war alles erledigt und das Schloss von außen neu restauriert, von innen voll möbliert und stand nun zum Empfang der Bergleute bereit.

Vorerst jedoch war ein großes Einweihungsfest geplant. Neben den Direktoren der Ruhrknappschaft waren die Politiker der Umgebung und als Prominentester der damalige Bundespräsident Theodor Heuss eingeladen.

Der Eingang des Schlosses und der Schlossplatz waren festlich dekoriert worden, alles zum Empfang des Staatsoberhauptes.

Nach Besichtigung des Schlosses, aller Räume und nach eingenommenem Frühstück wollte der Bundespräsident unbedingt wieder den rückwärtigen Eingang des Schlosses benutzen, um ins Freie zu gelangen. Zu aller Erstaunen nahm er hier seine halb aufgerauchte Zigarre aus der Mauernische heraus, klopfte die Asche ab und zündete sie neu an.

Die erstaunten Gesichter bedachte er mit einem freundlichen Lächeln.

Dann ging er durch den Wehrgang zu seinem Wagen zurück, stieg ein, winkte noch einmal freundlich den Zurückgebliebenen zu und entschwand.

Willi

Schon als 14-Jähriger besaß er die stattliche Länge von 175 cm. In der Schulbank konnten seine langen Beine nicht untergebracht werden. Sehr zum Leidwesen seines Lehrers reichten diese weit in den Gang heraus.

Später, nach Entlassung aus der Schule, arbeitete er als zweitjüngster Sohn einer Bauersfamilie von sieben Kindern die ersten Jahre auf dem elterlichen Hof, bis er Soldat werden musste.

Als solcher erlebte er den größten Teil des Zweiten Weltkrieges in Frankreich. Nach dem Krieg – er war schon kurz danach wieder zu Hause – betätigte er sich als Viehhändler.

Für die Bauern des Dorfes brach eine goldene Zeit an, als ihre Äcker und Höfe von der nahegelegenen Stadt aufgekauft wurden.

Hier entstanden nun große Siedlungen und die Bevölkerungszahl der Bauernschaft vergrößerte sich laufend.

Nun zu Willi:

Durch den Verkauf des elterlichen Anwesens zu einer erheblichen Menge Geldes gekommen, entwickelte er sich zu einem Original. Mittlerweile fast 2 m groß, lief er ab da – Tag für Tag – und allen Orten mit Zylinder, Cut, Stresemannhose und schwarzen Lackschuhen herum.

Er war überall zu finden: in normalen Gaststätten, in den Restaurants der Hotels, sogar im Supercafé (hier verkehrte nur die Crème de la Crème der Stadt).

Alt wurde Willi nicht. Ohne groß krank zu werden, lag er

eines guten Morgens tot im Bett. Jetzt sollte er für den Sarg eingekleidet werden. Irgendwann vorher hatte er den Wunsch geäußert, in seinem geliebten Anzug bestattet zu werden. Nun lag er in seinem Cut und umgebundener Fliege im Sarg. Schwierig wurde es mit dem Zylinder, den er ja unbedingt im Sarg auf dem Kopf tragen wollte.

Aus zwei Gründen war das nicht möglich:

1. war der Sarg zu kurz, schließlich war er ja auch 2 m groß und 2. blieb der Zylinder nicht auf seinem Kopf sitzen. Notgedrungen wurde dieser dann in seinen Händen platziert.

Schade um Willi, denn Originale sind in unserer Zeit so gut wie ausgestorben!

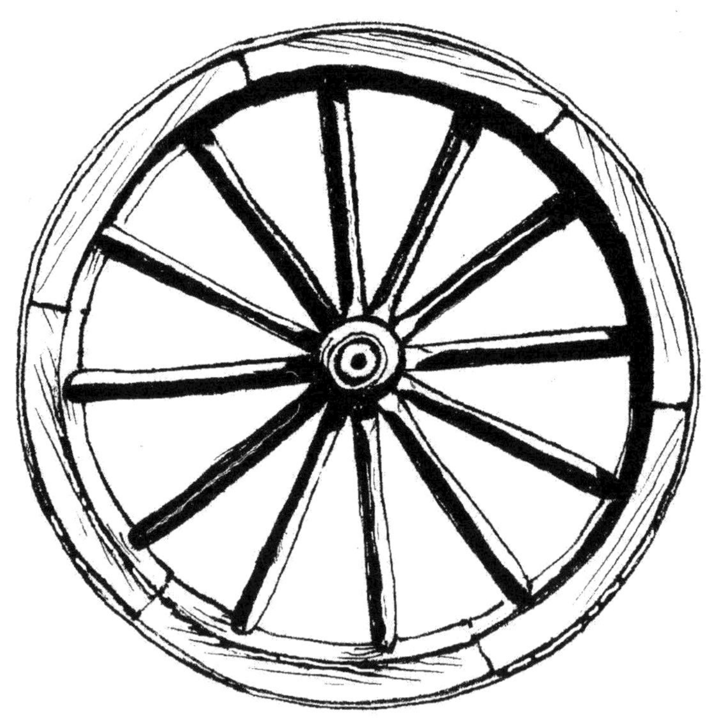

Winterschlaf

Bis zum 7. Lebensjahr lebte Fränzchen mit Vater, Mutter und Schwester in der Stadt Lünen. In der gleichen Stadt wohnte auch seine Oma, die Mutter seines Vaters. Fränzchen hatte schon des Öfteren von den Erwachsenen erfahren, dass diese Oma regelmäßig einen Winterschlaf hielt.

Dieser Umstand war für ihn so interessant, dass es ihn eines Tages zur Großmutter trieb, um Näheres über diesen Winterschlaf zu erfahren.

Jetzt stand er vor der Oma und spricht: „Oma, alle Leute sagen, du hältst einen Winterschlaf! Wie geht das? Du liegst den ganzen Tag im Bett, nachts auch noch! Du musst doch mal was essen!“

„Aber ja, Junge, das Essen bringt mir meine Tochter, die Tante Frieda, die ja mit Onkel Heinrich in meinem Hause lebt.“

„Mmh, aber Oma, du musst doch aufs Klo!“

„Du dummer Junge, guck mal hier unters Bett, da steht doch ein Nachttopf und den gebrauche ich.“

„Aber Oma, der ist doch mal voll!“

„Ja, dann bringt ihn Tante Frieda hinaus auf die Tenne und entleert ihn dort auf dem Plumpsklo!“

„O Oma, das ist prima. Wenn ich groß bin und so alt wie du, dann halte ich auch Winterschlaf!“

Schweinchen auf der Leiter

Es ist an der Zeit, von meinen ersten Schuljahren in Elmenhorst zu erzählen.

Dort saß ich mit gut 30 anderen Schülern und Schülerinnen aller acht Klassen in einem Klassenraum. Alle Altersstufen wurden von einem Lehrer unterrichtet. Es ist wichtiger zu wissen, dass es sich um 1932 handelt, also kurz vor der Machtübernahme der Nazis.

Rund um Elmenhorst befanden sich die Bergarbeitersiedlungen. Diese Leute zählten alle zur kommunistischen Partei.

Immer wieder kam es zu Spannungen zwischen Lehrern und Bevölkerung. Im November dieses Jahres schlachtete, wie jedes Jahr, unser Lehrer sein von seiner Frau fettgefüttertes Schwein. Wie üblich hing dieses dann aufgeschnitten, alle Viere von sich gestreckt, auf der Leiter! In diesem Jahr lief jedoch vieles anders.

Lehrer Allermann fand am nächsten Morgen nur eine leere Leiter vor! Sein geliebtes Schwein war und blieb verschwunden. Natürlich waren die Kommunisten die Diebe des Nazi-Schweins … leider nicht nachzuweisen.

Im nächsten Spätsommer, das Dritte Reich war längst gegründet, forderte unser Lehrer die Schüler der oberen Klassen zum Pflücken seiner Birnen auf. So war es eigentlich in jedem Jahr.

Doch in diesem Jahr war alles anders.

Am nächsten Morgen fand Lehrer Allermann einen leeren Birnenbaum vor.

All die schönen Birnen waren verschwunden! Das konnten doch wieder nur die Kommunisten gewesen sein. Es sollte jedoch der letzte Streich der Roten gewesen sein, denn schon im nächsten Winter befand sich ein Teil der Schweine- und Birnenräuber im Konzentrationslager.

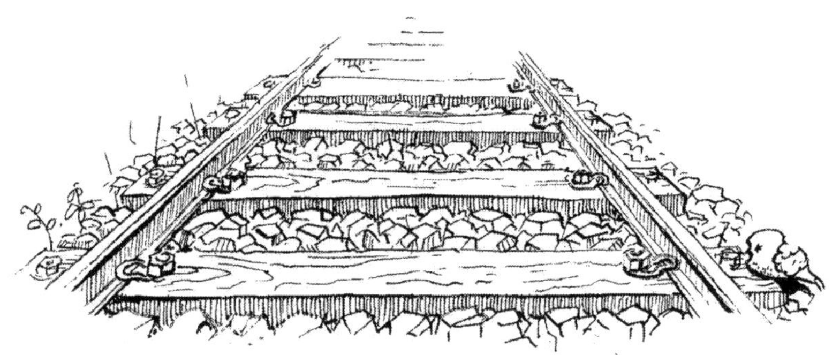

Das Schlitzohr

Opa Heinrich verstarb die Frau. Wohin nun mit dem Opa? Auf Wunsch seines Sohnes wurde er in dessen Haushalt aufgenommen, sehr zum Leidwesen der Schwiegertochter, denn Opa war leidenschaftlicher Raucher und hatte die Angewohnheit, den Tabakqualm ab und zu mit einem Gläschen Schnaps zu befeuchten.

Beides wurde bei seinem Einzug von der Schwiegertochter verboten. Nun ja … das Rauchen konnte Opa ja noch im Garten erledigen.

Mit dem Schnäpschen war es jedoch schon schwieriger. Der Umzug erfolgte im Winter und Opa gab vor, stets kalte Füße im Bett zu haben und wünschte sich von seiner Schwiegertochter eine Wärmflasche. Füllen wollte er sie selbst mit dem heißen Wasser aus dem Badezimmer. Da Opa aber nie kalte Füße gehabt hatte, brauchte er auch kein heißes Wasser. Er füllte die Flasche mit heimlich besorgtem Doppelkorn.

Nun waren alle zufrieden, die Schwiegertochter und auch der Opa, denn jeder hatte ja seinen Willen erreicht und Opa konnte sich nächtlich ein Schlückchen aus der Wärmflasche genehmigen!

Das Versteckspiel

Noch etwas aus Elmenhorst: Große Pause auf dem Schulhof der einräumigen Volksschule. Das Frühstücksbrot war aufgezehrt und nun blieb noch Zeit zu einem Spielchen für die Schüler.

Der Klassenälteste forderte seine Mitschüler zu einem Versteckspiel auf. Viel Gelegenheit dazu gab es nicht. Man konnte sich hinter einer Gruppe von anderen Schülern ducken, man konnte sich auf dem Jungenklo auch, obwohl es verboten war, auf dem Mädchenklo verstecken und dann blieb nur noch die große, gemauerte mit einer Betonplatte abgedeckte Abfallkiste.

Der Steppke Günter, 1. Klasse, sah zwei Achtklässler durch die Eisenluke in die Abfallkiste kriechen. Flux … sprang Günterchen hinterher.

Womit alle drei nicht gerechnet hatten: dass böse Buben die Klappe zuwarfen und von außen verriegelten.

Die Pause war rum und drei Schüler fehlten in der Klasse.

„Wo sind die drei Burschen?“, fragte der Lehrer Allermann. Keine Antwort. „Ich will sofort eine Antwort haben.“

Da meldete sich eine zaghafte Stimme aus der hinteren Bankreihe. „Die sind alle in der Müllkiste.“

Sofort wurde Allermann lebendig und sauste aus der Klasse zur Müllkiste, öffnete die Eisenklappe und heraus kamen drei stinkende, reuige Schüler.

Im Gänsemarsch hinter dem Lehrer ging es in die Klasse

zurück. Hier griff der Lehrer hinter die Tafel, holte einen Rohrstock hervor, ließ die erste Bankreihe räumen, auf welche sich dann der älteste Schüler bäuchlings legen musste.

Immer durch Strafpredigt unterbrochen, bekam er etliche Schläge auf sein Hinterteil.

„Aufstehen, abtreten in die Bank, der Nächste“, sprach Lehrer Allermann. Die Prozedur wiederholte sich ein zweites Mal. „Abtreten, der Nächste …!“ Jetzt war Günterchen an der Reihe, welcher aber schon vor der Prügelstrafe kräftig heulte.

Allermann hielt inzwischen die nächste Straf- und Ermahnungsansprache, drehte sich dann zu Günterchen um, sah den heulenden Steppke und fuhr ihn an: „Was stehst du denn hier noch herum, wolltest du noch mal eine Tracht Prügel haben? Nun verschwinde endlich in deine Bankreihe.“

Das ließ sich Günter nicht zwei Mal sagen. Er flitzte mit ungestraftem Hinterteil in seine Bankreihe.

Hatte Lehrer Allermann aufgrund seiner Strafpredigten doch ganz übersehen, dass er dem Kleinen noch nicht den Po versohlt hatte!

Dieses Mal war es Glück für die Kleinen, nicht wie es heißt: Immer auf die Kleinen …!

Opas Geburtstag

Opa Münster hat Geburtstag. Er vollendet sein 80. Lebensjahr. Etwas, was zu jedem Geburtstag erfolgen musste, die Enkel drängten darauf, war eine von Opa vorgetragene Geschichte. Sie saßen wieder zusammen.

„Opa, erzähl uns wieder eine Geschichte. Aber dieses Mal eine wahre“, verlangte der Enkel Hans, der Lieblingsenkel von Opa. Außer Hans hatte Opa fünf weitere Enkel. Er schaute ihn an. „Was heißt eine wahre, Hans? Ich habe Euch nie Lügengeschichten erzählt.“ Er strich mit seinen Fingern durch seinen roten, mächtigen Bart. „Habe ich euch die Geschichte von den Wildschweinen erzählt?“ Allgemeines Kopfschütteln. „Also, ihr wisst, dass ich Zeit meines Lebens Förster in der Davert war.“

„Ja das wissen wir, Opa.“

„In dieser Zeit geschah das, was ich euch jetzt erzähle. Ich ging mal wieder durch den Wald mit meinem Gewehr über der Schulter. Einen Weg, den ich schon lange nicht mehr gegangen war. Durch ein dichtes Gestrüpp trat ich auf eine kleine Lichtung, an dessen Rand ich schon vor Jahren einen Hochsitz errichtet hatte. Ich stand vor der Leiter und schaute nach oben, als ein mächtiger Keiler aus dem Gestrüpp hervorstürmte und mit blutunterlaufenen Augen auf mich zuschoss. Was blieb mir anderes übrig als die Leiter hinauf zu klettern. Dabei verlor ich mein Gewehr. Ich setzte mich oben auf den Sitz und war mir sicher, dass der Keiler mich nicht erreichen würde. Doch der Keiler versuchte mir nachzukommen. Stellt euch vor, das riesige Tier hätte mich erreicht … Dann hättet ihr heute keinen Opa mehr." Die Kinder schauten ihn erschrocken an. Bei der kleinen Inge erschien sogar eine Träne in ihrem Auge. „Der Keiler setzte seine Vorderpfoten auf die dritte Sprosse und kletterte dann sogar noch eine Sprosse höher. Dabei zerbrachen die alten morschen Sprossen. Der Keiler fiel zurück auf die Erde. Dabei erschrak er sich heftig. Er nahm Reißaus, denselben Weg über die Lichtung zurück ins Gebüsch und verschwand. Ich atmete auf. Hatte ich doch ein riesiges Glück gehabt, früh genug auf den Hochsitz zu kommen. Gar nicht auszudenken, was passiert wäre, wenn der alte Hochsitz bei dem Ansturm des Keilers zerbrochen wäre und ich dem wilden Tier direkt vor seine großen Hauer gefallen wäre. Die letzten zwei Meter musste ich herunterspringen, die Sprossen waren ja zerbrochen. Zum Glück war das Tier nicht auf mein Gewehr gefallen. Ich nahm die Flinte auf und entsicherte sie. Es konnte ja sein, dass der Keiler noch einmal zurückkam. Dann hätte ich ihm eins aufs Fell gebrannt. Er kam jedoch nicht mehr, er blieb verschwunden. So habt ihr also noch euren Opa."

Nicht nur die Kinder waren erfreut über Opas Geschichte, er hatte dabei an die schöne Zeit als Förster in der Davert zurückgedacht. „War das auch eine wahre Geschichte?", wollte der ungläubige Hans wissen. „So wahr, wie ich hier sitze, war das eine wahre Geschichte aus meinem Försterleben." Was die Kinder nicht beobachtet hatten, war, dass Opa längst aufgestanden war.

„Opa, Opa!“, riefen die Kinder. „Bitte noch eine Geschichte.“

„Ach beim nächsten Mal“.

„Ach bitte, bitte, bitte noch eine, noch heute.“ Opa erzählte gerne seine Geschichten, doch immer so, als wolle er sie nicht von sich geben.

„Also gut, noch eine, aber nur eine.“

„Aber eine wahre.“

„Also, die Geschichte trug sich zu, als Oma und ich noch im alten Forsthaus wohnten und eure Mütter noch kleine Mädchen waren. Wir hatten dort, wie alle anderen Förster, auch etwas Vieh. Mal ein Schwein, aber auch eine Ziege. Was wir jedoch alle hatten, das waren Hühner. So auch wir. Sie hatten ihr Zuhause in unserem Stall. Jeden Morgen vor dem Frühstück holte ich die am Vortag von den Hühnern gelegten Eier aus dem Nest. Eines Tages fand ich das Nest leer vor. Kein Ei lag darin. Das konnte doch nicht sein. Hatten die Hühner einen faulen Tag eingelegt? Doch am nächsten Tag war das Nest immer noch leer. Das konnte doch nur unmöglich sein. Ob der Fuchs die Eier gestohlen hatte? Aber der hätte doch die Hühner gestohlen und nicht die Eier. Ich habe dann vom Küchenfenster aus den Stall beobachtet. Ihr glaubt nicht, was ich zu sehen bekam. Wir hatten zu dieser Zeit einen großen Jagdhund und einen kleinen Dackel. Wir nannten ihn Lumpi. Ich benutzte ihn zur Fuchsjagd. Er holte die Füchse aus ihren Erdlöchern, in dem er dort hineinkroch. Also, diesen Lumpi sehe ich in den Stall schleichen, wo er längere Zeit blieb. Als er herauskam, war seine Schnauze gelb mit Eidotter verschmiert. In den Zähnen hielt er noch ein Ei. Ich konnte kaum glauben, was ich dort sah. Ich ging in den Stall. Das Nest war leer bis auf eine halbe Eierschale. Ich säuberte das Nest und legte neues Stroh hinein und überlegte, wie ich den Lumpi vom weiterem Stehlen der Eier abhalten könnte. Am nächsten Tag stand ich auf dem Hof, noch bevor Lumpi kam. Drei Eier holte ich aus dem Nest. Ich brachte sie in die Küche und öffnete an beiden Enden jedes Eies ein kleines Loch. Dann blies ich den Inhalt heraus und gab in jedes Ei einen Teelöffel Pfeffer hinein. Dann habe ich die Löcher wieder verschlossen. Die so gefüllten Eier legte ich zurück ins Nest, das jedoch erst gegen Abend. Die dort neu gelegten Eier nahm ich aus dem Nest und legte die Pfeffereier hinein. Am nächsten Morgen saß ich wieder am Küchenfenster und beobachtete den Lumpi. Richtig, er schlich wieder in den Stall. Es war nicht lange still. Ein lautes Geheul drang aus dem Stall. Ein jämmerliches Geheul. Lumpi kam aus dem Stall gesaust, er jaulte und jaulte. Immer wieder leckte er mit seiner Zunge über die Zähne. Er eilte zu dem Wasserbecken, welches für die Hühner im Hof stand. Er trank und trank und trank, bis das Becken leer war. Sein Durst war wohl gestillt, nicht sein schlechtes Gewissen. Er verschwand im Wald. Erst gegen Abend sah ich ihn zurückkommen. Von den drei Pfeffereiern hatte er nur eines zerbissen. Der Pfeffer hatte ihm den Geschmack auf die anderen verdorben. Seit diesem Tag machte Lumpi immer einen großen Bogen um den Stall, wenn er auf den Hof kam. Den Stall hat er nie wieder aufgesucht. Den Geschmack des Pfeffers und das Brennen im Rachen hat er wohl nie vergessen. Wir hatten ab da täglich wieder unsere Eier. So, jetzt habt ihr die Geschichte über den Eierdieb erfahren.“

Die Kinder schauten sich an. Hans übernahm wieder das Wort. „Opa, ich war der Meinung, dass deine Geschichten oft Jägerlatein waren, doch diese Geschichte, die glaube ich dir. Wie toll du das gemacht hast und was für eine Idee, die Eier mit Pfeffer zu füllen. Stell dir mal vor, du hättest die Idee nicht gehabt und Lumpi hätte weiter die Eier geklaut? Dann hättest du sicherlich die Hühnernester höher anlegen müssen. So hoch, dass Lumpi sie nicht erreichen konnte."

„Da hast du Recht, Hans. Auf diese Idee bin ich nicht gekommen. Aber ich wollte dem Lumpi für sein Eierklauen auch eins auswischen. Und das ist mir gut gelungen, wie ihr jetzt wisst."

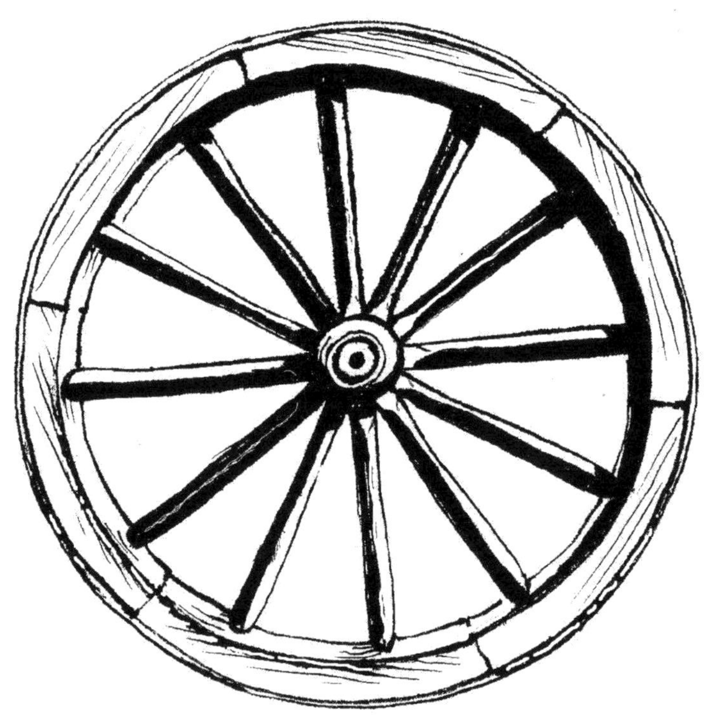

Kinder- Jungenstreich

Oh, du schöne Zeit, wo bist du geblieben? Nicht nur die jungen Männer unseres Dorfes, nein, auch wir heranwachsenden Bengel waren allzeit bereit, etwas auszuhecken.

Lesen Sie die Geschichte von den bösen Buben …

Nein, die nicht Max und Moritz, sondern Josef, Günter und Adolf hießen.

Diese Knaben, stets munter und unternehmungslustig, heckten natürlich auch Streiche aus!

Sie waren aber auch ansonsten schöpferisch tätig. Unter anderem hatten sie eine Landkarte unseres Dorfes angefertigt, auf welcher alle Hunde, ob bissig oder nicht, und auch die Obstbäume mit Reifezeit ihrer Früchte eingetragen waren.

Jetzt zu den Obstbäumen:

An der Dorfdurchgangsstraße steht seit langer Zeit der Kirschbaum mit den süßesten Frühkirschen im Ort. Natürlich ist auch dieser Baum auf der Karte mit der Reifezeit Monat Juni verzeichnet.

Es war mal wieder so weit. Die drei vorgenannten Jungen saßen hoch im Baum und verleibten sich die süßen Kirschen ein. Sie hatten nicht bedacht, dass sie von der Frau Müller, der allbekannten Dorfspionin, beobachtet wurden!

Diese Hexe rief den Besitzer des Baumes an, um ihm mitzuteilen, dass seine Kirschen geerntet würden. Wutschnaubend und laut rufend erschien er unterm Baum und forderte die Jungen auf, herunter zu kommen. Diese fühlten sich hoch im Baum völlig sicher und dachten gar nicht daran, herunter zu klettern. Herr Kunze, der Besitzer des Baumes, setzte sich, mit dem Rücken an den Baum gelehnt, auf die Erde, mit dem Gedanken, die Jungen kommen schon mal herunter.

Dem war jedoch nicht so. Im Gegenteil wurde weiter von den knackigen, rotgelben Kirschen gegessen, und die ausgespuckten Kerne landeten oft genug auf dem haarlosen Haupt des Herrn Kunze.

Nach einem längeren Nickerchen verließ er seinen Sitzplatz und ging Richtung seines Hauses.

„He, ihr beiden vollgefutterten Bäuche, es wird Zeit zu verschwinden. Kunze kommt bestimmt mit einer Leiter zurück und dann sitzen wir in der Falle. Also nichts wie weg“, forderte er seinen Kumpanen auf.

Dieses war der erste Streich – Doch der zweite folgt zugleich!

Herbstzeit – es wird früh dunkel, die richtige Zeit für unsere drei Lausebengel.

Alle Jahre wieder werden die gleichen Streiche ausgeführt. Dazu gehören fingerdicke, 1 m lange Haselnuss-Stecken, dazu gehören weiter für jeden eine lange Holzschraube von ca. 5 cm, weiter die Gummidichtung einer Bierflasche und eine Rolle Zwirn. Ist alles zusammen, dann geht es los. Zuerst zum Lebensmittelladen unseres Ortes. Dieses Geschäft hat zwei Schaufenster. Im unteren Rahmen befindet sich eine Reihe von Belüftungslöchern. Josef und Adolf stellen sich mit ihren Stecken vor das eine Fenster und Günter vor das zweite Fenster. Auf Josefs Kommando: eins – zwei – drei stoßen alle drei ihren Stecken durch eines der Luftlöcher in den Schaukastenraum. Hier wird die Auslage mit dem Stock durcheinandergewirbelt. Der dabei entstandene Lärm ruft die Verkäuferin vors Geschäft. Dort ist aber niemand zu sehen, weil die Bengels hinter dem nächsten Strauch versteckt liegen und mit Begeisterung die Aufregung der Frau verfolgen.

Jetzt zu der Schraube, dem Gummiring und dem Zwirn: Unter Josefs Anleitung fertigt jeder ein Klopfgerät an und das geht so: Die Schraube wird durch den Gummiring geführt und an ihrem unteren Ende der Zwirnfaden angebunden. Danach schleichen sie in der Dunkelheit von Haus zu Haus. Dort, wo ein Fenster beleuchtet ist, wird der Gummiring angefeuchtet, gegen die Scheibe gedrückt, wo das Gummi die Schraube ans Glas drückt und festdrückt. Dann wird der Faden abgerollt und aus etlichen Metern Entfernung vorsichtig daran gezogen. Was passiert dann? Der Schraubenkopf klopft jedes Mal beim Ziehen des Fadens ans Fenster. Es dauert nicht lange und einer der Hausbewohner schaut zur Tür hinaus. Er sieht natürlich nichts. Die Buben liegen im Dunkeln in einiger Entfernung auf dem Boden. Kopfschüttelnd geht die jeweilige Person wieder ins Haus und schon geht das Klopfen wieder los. Doch bei jeweiligem Nachsehen ist kein Klopfer zu sehen. Das Spiel wiederholt sich so lange, bis es den Dreien zu langweilig wird oder die Hausbewohner nicht mehr darauf reagieren.

Mit einem Haus ist die Sache jedoch noch nicht zu Ende. Das nächste wird heimgesucht. Liebend gern solche Leute, die bei den Dreien nicht beliebt sind.

Es ist noch anzuführen, dass das Ärgern der Dorfbewohner schon im Oktober beginnt. Zur Zeit der Runkelrübenernte geht es schon los. Josef, dessen Eltern selbst ein Rübenfeld haben, besorgt ein paar länglich großgewachsene Rüben. In Vorarbeit werden diese von den Dreien ausgehöhlt mit grässlichen Augen-, Nasen- und Mundhöhlen versehen. Dann kommt in die ausgehöhlte Rübe eine Kerze. Jetzt geht es los.

Bei besonders unbeliebten Familien stellen die drei Jungen diese von innen beleuchteten Fratzen in die Nähe des Hauses. Dann lassen sie ein grässliches Geheul erschallen ähnlich dem Todesruf eines Mordopfers. Die Leute stürzen aus dem Haus, um nachzusehen, wer dort in Todesangst um Hilfe ruft. Außer diesen beleuchteten Fratzen ist jedoch nichts zu sehen und ohne zu überlegen, wissen sie, es ist Oktober und wie jedes Jahr werden sie an die Streiche der drei Dorflausebuben erinnert.

Dieses war der zweite Streich – Und der dritte folgt sogleich.

Samstags, nach dem Dienst beim „Deutschen Jungvolk“, kamen wir auf unserem Heimweg immer beim Bäcker Engel – von uns Knüfken genannt – vorbei. Zum Wochenende backte er stets große Blechkuchen wie Bienenstich-, Apfel- und Pflaumenmuskuchen. Daran vorbeizugehen war so gut wie unmöglich, dieser Laden zog uns automatisch an.

Adolf war noch im Besitz von zehn Pfennig, Pongos und meine Taschen gaben, trotz eifrigen Suchens, nicht einen Kupferling her, also rein ins Geschäft.

„Frau Engel, ich hätte gern für zehn Pfennig Bonbons aus allen

Gläsern", bestellte Adolf. Wir beiden anderen hatten uns unauffällig neben die Kuchenbleche gestellt und als Knüfkens Frau mit den Gläsern beschäftigt war und uns den Rücken zukehrte, schnitten wir mit unseren Fahrtenmessern ein Stück Kuchen ab. Obwohl ich lieber ein Stück Pflaumenkuchen gehabt hätte, entschied ich mich aus praktischen Gründen für Streuselkuchen, welcher in einem handgroßen Stück in meiner Tasche verschwand. Nachdem Adolf sein Geldstück auf die Theke gelegt hatte, verließen wir das Geschäft. Hinter der nächsten Hecke, unter unserem geliebten Kirschbaum, sollten der Kuchen und die Bonbons vertilgt werden.

Adolf legte seine Bonbons auf den Rasen, ich meinen Streuselkuchen dazu und nur Pongo hatte Schwierigkeiten, den Kuchen aus seiner Tasche zu bekommen. Er war Liebhaber von Bienenstich, hatte er ein mächtiges Stück davon in seine Tasche gedrückt und konnte den Kuchenpapp nun nicht mehr heil aus ihr herausbringen. Wir bedienten uns mittels Daumen und Zeigefinger aus seiner Tasche.

Gelacht haben Adolf und ich mächtig über Pongos Mienenspiel, war doch die verschmierte Hosentasche nicht gerade angenehm für ihn. Ebenso die Standpauke nicht, die er später von seiner Mutter für die schmutzige Hose bekam. Für ihn hatte sich das Mopsen nicht gelohnt. Ein anderes Mal standen neben der Eingangstür in Knüfkens Laden ein paar Holzkisten, wovon die oberste geöffnet war. Sie enthielt Rosinen, diese ließen sich doch bequem und ohne Schwierigkeiten, in unsere Hosentaschen verpacken, was wir auch eifrig taten.

Oh, wie schön ist doch die Jugendzeit, sie war es ganz besonders für Josef, Adolf und Günter.

Die verkürzte Mettwurst

Josef, Freund Nr. 1, fehlte in der Schule und ich ging nachmittags zu Bäumers hinüber, um zu erfahren, was los sei. „Jupp liegt im Bett und ist erkältet. Es scheint ihm aber wieder besser zu gehen, ich habe ihn vorhin auf seiner Mundharmonika spielen gehört. Geh nur zu ihm herauf", forderte mich Mama Bäumer auf. Und wirklich, Josef saß auf seinem Bett und spielte die Lieder, welche wir beim Herummarschieren mit dem Deutschen Jungvolk (DJ genannt) sangen.

„Du scheinst ja nicht todkrank zu sein. Ich habe mal ein Bild gesehen, auf welchem ein Totengerippe auf der Flöte spielt. So kommst du mir jetzt aber nicht vor", sagte ich zu ihm.

„Mir geht es schon viel besser, ich habe mich mit Mettwurst geheilt", äußerte sich Josef und zeigte auf eine Reihe von luftgetrockneten Ringwürsten, welche auf einer Holzstange entlang der einen Zimmerwand hingen.

„Das versteh ich nicht. Du guckst auf die Würste und bist wieder gesund? Ich muss immer irgendwelche bitteren Pillen einnehmen, wenn ich krank bin."

„Quatsch! Doch nicht vom Hinsehen, vom Essen werde ich wieder lebendig", sagte er mit einem geheimnisvollen Lächeln zu mir.

Er sprang aus dem Bett, holte aus seiner Nachttischlade ein Messer und zeigte mir, wie er aus der Mitte einer Wurst ein Stück herausschnitt. Er steckte mir das Stück in den Mund und bediente sich selbst mit einem weiteren Stück. Dann legte er das Messer zurück, nahm ein Streichholz, brach den Kopf ab und steckte das Hölzchen in beide Schnittflächen der Wurst und schloss sie wieder zusammen. Oberflächlich und auf den ersten Blick konnte man keine Veränderung feststellen. „So macht man das!", klärte mich Josef auf.

Ich benötigte diese Weisheit nicht, gab es doch bei uns zu Hause keine Mettwurst in Mengen auf der Stange. Wenn bei uns geschlachtet wurde, was Gott sei Dank sehr selten vorkam, dann keine Schweine, sondern eines meiner Kaninchen, und diese eignen sich kaum zum Verwursten. Die amputierten Würste fielen jedoch schon bald auf und nach strenger Befragung erzählte Jupp seiner Mutter, was er damit gemacht hatte. In seinem Bericht, sicherlich um die Bestrafung zu halbieren, kam ich als Mittäter auch vor. Den Schlussstrich unter das Wurstessen setzten die Ohrfeigen der starken Hand, wobei ich auch beteiligt wurde.

Cowboys – Wilder Westen – Saujagd – und alles in unserem Dorf

Es sind Sommerferien August 1938 und das Thermometer steht Tag für Tag auf Badezeit.

Unsere drei Lausebuben Josef, Günter und Adolf sind Stammgäste in den Fluten des nahegelegenen Flusses. Die Zeit der winterlichen Streiche ist vorbei und jetzt benehmen sie sich wie alle anderen Jungen auch, das heißt, dass die Großzahl der Dorfkinder auf den elterlichen Höfen arbeiten mussten und oft mit Neid auf die Freiheit des Dreiergespanns schauten.

Es wurden jeden Abend nach Rückkehr vom Baden unter den Dreien die Unternehmungen des nächsten Tages besprochen. So auch an diesem Abend, wo der Vorschlag für den nächsten Tag von Günter kam. „Also, Blutsbrüder, morgen wird nur am Vormittag gebadet. Am Nachmittag sind Abenteuer angesagt.“

„Ach, du mit deinen Abenteuern! Das soll schon was Rechtes sein“, meinte Josef, der Anführer der Drei.

„Lass hören.“

„Auf der Wiese neben unserem Haus von Bauer Althaus, läuft zurzeit ein Pferd herum. Ich habe schon mit dem Braunen gesprochen und er meinte, wir könnten ihn mal besuchen und da habe ich mir gedacht, das könnte morgen geschehen."

Am anderen Tag nach dem Essen wollten die drei Jungen das Pferd aufsuchen. Vorher ging es jedoch am Garten von Oma Müller vorbei, wo sie unter Aufbringung aller Vorsicht ein paar Mohrrüben stibitzten. Dann ging es zu dem Pferd, welches schon am Heck auf sie wartete.

Mit Vergnügen fraß es die erste Mohrrübe. Dafür sollte es aber auch etwas tun! Josef war der Erste, der sich auf den Rücken des Pferdes setzte, welches dann auf Zuruf mit ihm über die Wiese trabte. Zurückgekommen und nach Empfang der zweiten Möhre durfte Günter die nächste Runde drehen. Gleiches absolvierte dann auch Adolf.

„Mensch, das ist ja eine tolle Sache", sagte Adolf. „Lass uns morgen wieder hingehen."

Am nächsten Tag erfolgte alles wie schon gehabt: Mohrrüben holen, das Pferd füttern und wieder die Runden über die Wiese reiten. So ging alles gut, bis Josef meinte: „So Freunde, jetzt versuchen wir es zu zweien auf dem Pferd."

Gesagt – getan! Josef und Adolf im Doppelpack auf dem Pferd sitzend, welches mit den Ohren spielte, erstaunt guckte, aber dann doch seine Runde drehte.

„So, Günter, jetzt auch noch drauf, das machen wir jetzt zu dritt!"

Damit war der vierbeinige Freund der Drei jedoch nicht einverstanden. Nach ein paar Schritten machte er einen Buckel und die Blutsbrüder landeten auf dem Rasen. Beim Besuch am 3. Tag mit Doppelration Mohrrüben beladen, erschien das

Dreiergespann wieder bei ihrem Freund. Heute stand er jedoch nicht am Heck, sondern in der entferntesten Ecke der Weide. Alles Rufen und Locken mit den Rüben waren umsonst. Das Tier war beleidigt und die Cowboyzeit für die Buben war vorbei.

14 Tage später hatte der Bauer zu dem Pferd und zu den paar Rindern einen großen Schafsbock auf die Wiese gebracht. Die drei hatten bei einem weiteren vergeblichen Versuch mit dem Pferd den Bock gesichtet.

„Wenn wir uns schon nicht mit dem Pferd beschäftigen können, dann nehmen wir eben den Schafsbock zur Unterhaltung", meinte Josef.

„Du, der sieht aber gar nicht so aus, dass er mit uns spielen will! Im Gegenteil – schaut er schon sehr böse aus den Augen", entgegnete Adolf. „Ach, Quatsch, das machen wir doch ganz einfach. Ihr habt doch alle in Karl May gelesen, wie Old Shatterhand als Greenhorn auf seine ersten Büffel in Amerika traf. Da hat ihn doch auch so ein großes Vieh mit gesenktem Kopf angegriffen und Old Shatterhand hat ganz ruhig vor dem heranbrausenden Büffel gestanden und im letzten Moment seinen Fuß auf den Büffelkopf gestellt und mit Schwung das Tier übersprungen. Das Gleiche machen wir jetzt auch mit diesem Schafsbock. Was Old Shatterhand gekonnt hat, können wir schon lange!"

Mit diesen Worten kroch Josef unter dem Heck auf die Wiese, erhob sich und ging langsam auf den Schafsbock zu. Dieser stand dort wie eine eins und als ob er kein Wässerchen trüben könnte. Das war aber nicht so! Als Josef ein paar Meter vor ihm ankam, senkte dieser den Kopf, genau wie die Büffel in Amerika und mit riesigen Sätzen sauste er auf Josef los. Der kam gar nicht dazu, seinen Fuß auf den Schafskopf zu setzen und wie Old Shatterhand über das Tier hinweg zu springen. Ehe er sich versah, hatte der Bock ihm die Beine weggerissen und Josef wälzte sich mit Geschrei im Gras herum. Günter meinte, das könne er besser als der steife Josef. Also nichts wie hin, um den anderen beiden zu beweisen, dass bei richtiger Technik er den Old Shatterhandsprung über den Bock könnte. Das war eine große Blamage! Er landete genauso im Gras wie Josef. Adolf, der Kleinste von den Dreien versuchte diesen Sprung erst gar nicht.

Belämmert, im wahrsten Sinne des Wortes, verließen die Drei wortlos und geschlagen die Prärie ihres Dorfes.

Am Ende der großen Ferien – Josef hatte herausgefunden, dass beim Schulzen Krummholz auf dessen Obstweise zwei riesige Deckeber stehen würden. Diese Tiere sollten nach Meinung von Josef, das letzte Abenteuer der Ferien sein. „Also, Blutsbrüder“ – hier muss gesagt werden, dass die Drei echte Blutsbrüder durch Schnitte in den Fingern und dem Vermengen der heraustretenden Blutstropfen wurden – „Morgen um 2 Uhr Treffen auf unserem Hof. Mitzubringen sind eure Speere.“ Die Jungen besaßen außer einer Indianerhose aus einem Kartoffelsack genäht, ein Gewehr aus einem Holzbrett herausgeschnitten, ein kleines Beil für 1 Reichsmark, einen alten Hut aus Vaters Kleiderschrank auch noch einen fast 2 Meter langen Haselnuss-Stecken, welcher als Speer diente.

Am anderen Tag pünktlich um 14 Uhr zogen die Drei mit ihrer Speerwaffe Richtung Krummholzsche Schweinewiese und richtig – da standen die zwei Viecher groß wie ein Tisch, fast so lang wie ein ausgewachsenes Rind und mindestens 6-8 Zentner schwer.

Am Zaun angekommen, meinte Adolf: „O je, o je … schaut euch mal dieses Monstrum an. Wie gefährlich die uns ansehen! Sollen wir die ganze Sache nicht abblasen?"

„Kommt gar nicht in Frage", sagte Josef. „Ich fang an, diese Schweine abzustechen. Ihr müsst nur meinen Flankenschutz übernehmen. Wir gehen also alle Drei gleichzeitig auf die Eber los. Dann töte ich mit meiner Lanze den ersten und wenn der auf der Wiese liegt, auch noch den zweiten. Vorher üben wir jedoch den gemeinsamen Rückzug, wenn die Sache schiefgehen sollte, das heißt, wir dürfen uns bei unserer Flucht nicht gegenseitig umrennen. Du, Adolf, flitzt zwischen dem ersten und dem zweiten Pfosten unter den Zaun durch. Ich nehme Pfosten Zwei und Drei und du, Günter, Pfosten Drei und Vier und jetzt … auf in den Kampf!"

Günter stimmte dazu das Lied aus Carmen (er wusste nicht, was Carmen war) an und sang mit lauter Kinderstimme: „Auf in den Kampf, die Schwiegermutter naht mit Haaren auf der Brust …" Dann ging es los.

Unter dem Zaun auf die Wiese und mit gesenktem Speer auf die Eber los. Alle drei hatten die Rechnung ohne diese Tiere gemacht! Auf halbem Weg zu den Tieren setzten sich diese mit erstaunlicher Geschwindigkeit in Bewegung und rasten auf die Jungen zu. Erst jetzt sahen die Bengels die aus dem Schweinekiefer herausragenden, riesigen Hauer der Eber.

„Kehrtwendung", schrie Josef, „alle bringen sich in Sicherheit!" Die Schweine waren jedoch schneller als die Jungen, welche sich in der letzten Sekunde unter den rettenden Zaun flüchten konnten.

„Josef, das war eine ganz schlechte Idee von dir. Wir hätten doch besser Versuche an eurem Schwein unternehmen sollen", meinte Adolf.

Von dieser kläglich abgelaufenen Saujagd erzählten die Blutsbrüder den anderen Mitschülern jedoch nichts, während sie sonst ihre Heldentaten unter den neugierigen Dorfkindern zum Besten gaben.

Die Ferien waren zu Ende und der Ernst des Lebens begann, das heißt nicht, dass die Bengels keine weiteren Abenteuer suchten!

Das Begräbnis

Die drei dorfbekannten Knaben Josef, Günter und Adolf saßen mal wieder gelangweilt in ihrem Baumhaus hoch über der Dorfstraße. „Meine Güte, ist das mal wieder langweilig, hier passiert doch wieder überhaupt nichts", meinte Adolf zu Josef. Unter den Bäumen auf der Straße pickten die Hühner von Josefs Mutter Roggenkerne auf, welche vormittags von einem mit Gurken beladenen Erntewagen herabgefallen waren.

Jetzt bog, wie immer um diese Zeit, der dreimal das Dorf besuchende Omnibus von der Hauptstraße auf die Dorfstraße ein. Der Warnruf des Hahnes sollte die Hühner vor dem herannahenden Fahrzeug von der Straße locken. Mit Gegacker und Geschrei und schlagenden Flügeln flüchteten diese auf den Hof.

Nur eine rebhuhnfarbige Henne pickte weiter die Körner, ohne auf den Bus zu achten und schon war es passiert! Eines der Räder hatte das zu spät flüchtende Huhn erfasst und vom Leben in den Tod befördert.

„Jetzt ist endlich was los", rief Günter und alle drei sausten die Leiter herunter auf die Straße.

Jetzt standen sie um das platt gefahrene Huhn und überlegten, was mit diesem noch anzufangen sei. „Ich habe es", rief Josef. „Wir veranstalten ein würdiges Begräbnis für dieses mutige Huhn. Morgen Nachmittag um 3 Uhr findet die Beerdigung statt. Mitzubringen hat jeder einen Zylinder und das Gebetbuch."

„Du glaubst doch wohl nicht, dass ich den Zylinder meines

Vaters für diese Beerdigung von meiner Mutter ausgeliehen bekomme", äußerte sich Günter.

„Ihre Dummköpfe, das ist doch ganz einfach! Von dem schwarzen Einschlagpapier, in welchem unsere Schulbücher eingepackt werden, klebt ihr eine Röhre zusammen, mit dem Durchmesser eurer Kindsköpfe", befahl Josef den beiden anderen.

Gesagt – getan. Alle drei standen am nächsten Nachmittag mit Papierzylinder auf dem Kopf und Gebetbuch in der Hand am von Josef aus einem rußgeschwärzten Schuhkarton gebauten Sarg, in welchem sich die Reste des Huhns befanden.

In Ermangelung eines passenden Totenliedes – die Jungen kannten wenigstens keines – sangen sie das Lied, was eigentlich zur Osterzeit gesungen wurde: Das Grab ist leer. Dann ging es los. Josef trug den Sarg, welchem im Gänsemarsch die anderen folgten.

Auf dem Kartoffelacker hatte Josef schon ein Loch gegraben, worin der Sarg versenkt wurde. Alle drei warfen, wie bei Beerdigungen üblich, eine Hand Erde hinterher. Dann wurde gemeinsam mit lauter Stimme die Sterbemesse aus dem Gebetbuch verlesen. Josef hielt noch eine Grabrede und bedankte sich über die von dieser Henne gelegten Eier. Mit den Füßen schob er dann die Erde über das Loch und stellte das auf zwei Haselnuss-Stecken hergestellte Kreuz auf das Grab. Alle drei nahmen ihre Zylinder, verneigten sich vor dem Grab und traten den Rückzug zum Hof an.

Hier hatte Josefs Mutter, die den Spaß mitgemacht hatte, in der Laube drei mit Limonade gefüllte Gläser hingestellt und daneben für jeden zwei Zwiebäcke gelegt.

„Liebe Trauergäste, lasst uns den Leichenschmaus beginnen und dabei der Verstorbenen gedenken“, sprach mit Trauerstimme Josef. „Woher weißt du wie man das alles macht?“, fragte Adolf. Mit Stolz geschwelgter Brust antwortete Josef: „Das habe ich doch alles bei der Beerdigung meiner Oma erlebt.“

„Endlich war mal wieder so richtig was los“, sprach Günter, „und ich hoffe, dass mal bald wieder eines eurer Hühner den Tod auf der Straße findet, damit wir nochmals ein Begräbnis veranstalten können“

„Du Blödmann – und was machen wir, wenn wir alle Hühner beerdigt haben … ohne Eier? Solch einen komischen Wunsch kannst auch nur du äußern, Günter!“

Die Gelbschwarzen

„Kommt her, ihr Blutsbrüder, wir müssen was beraten. Wie ihr wisst, liegt seit gestern Opa Hubert im Krankenhaus. Diese verdammten Wespen sollen ihn mit über 20 Stichen krankenhausreif gemacht haben! Wir haben doch noch gestern den Opa mit seiner Sense über der Schulter auf die Wiese zum Grasschneiden gehen sehen! Er hat wohl übersehen, dass am Rande des Ackers sich ein Wespennest befand. In dem Moment, wo die Sensenspitze in das Wespennest sauste, überfiel ihn ein Heer dieser gelbschwarzen Biester. Ich bin der Meinung, dass wir Opa Hubert, wo er doch in unserer Nachbarschaft wohnt, rächen müssen!"

Günter und Adolf äußerten ihre gleiche Meinung.

„Wenn ihr also einverstanden seid", sagte Josef, „eröffnen wir morgen Nachmittag den Krieg gegen die Wespen.

„Du Günter, besorgst von Bauer Paul ein Bund Stroh und du, Adolf, bringst Streichhölzer mit. Und ich übernehme die Besorgung des Spatens."

Die drei Knaben hatten schon des Öfteren Wespennester ausgenommen, waren kampferprobt und wussten genau, wie man so etwas macht.

Am anderen Tage wie verabredet, jeder mit seinem Utensil beladen, ging es auf zu Opa Huberts Wiese. „So, Freunde", sagte Josef, „erst mal die Einsatzbesprechung. Adolf, du zündest den Strohballen an. Du, Günter, legst das brennende Stroh auf das Wespennest und ich werde im richtigen Moment das Nest ausgraben."

Es war klar, dass Josef den gefährlichsten Teil des Angriffes damit übernahm.

„Jetzt noch die Aufteilung der Fluchtwege … Du, Adolf, läufst an der Hecke entlang Richtung Dorfstraße und du, Günter, verschwindest entgegengesetzt Richtung Maurers Acker. Und ich nehme den geraden Weg in Richtung unseres Hauses.“

Wie besprochen lief die Sache ab. Streichhölzer an, das Stroh brennt – fliegt auf das Wespennest und schon ging es los!

Etliche Schwärme der Wespen verloren ihr Leben in der Feuerbrunst. Ein weiterer Teil, besonders die, die sich im Erdreich aufhielten, waren durch die Hitze erst einmal außer Gefecht gesetzt. Doch es blieben noch genug über, um sich auf die drei Jungen zu stürzen. Der überwiegende Teil der Gelbschwarzen folgte den weglaufenden Jungen.

Jetzt war der Moment gekommen, wo Josef in Windeseile mit seinem Spaten das Wespennest ausgrub und dann. Unter Hinterlassung seines Spatens … die Flucht ergriff. Eine Viertelstunde später fanden sich alle drei in Josefs Laube wieder. „Na, ihr Helden, dann wollen wir mal unsere Verwundungen zählen. Wer am meisten abbekommen hat, ist der Held des Tages. Adolf … wieviel? Vier Stück Josef. Günter … und du?“

„Ich habe einen Stich mehr als Adolf“, sagt Günter. „Da kann man doch mal sehen, dass ich als Größter den Feinden die meiste Haut anzubieten habe. Ihr kleinen Wichte habt nicht genug Platz, um mehrere Verwundungen heimzutragen. Schaut her. Sieben Stück habe ich und bin damit mal wieder der Held unseres heutigen Wespenkrieges“, sagte Josef. Adolf meinte: „Wie so oft – tun die Stiche gewaltig weh. Wenn ich aber überlege, dass wir Opa Hubert damit gerächt haben, will ich mit Freude wie früher die Indianer, den Schmerz ertragen.“ Dann reichten sich die drei Blutsbrüder die Hände und aus drei Mündern erklang wie stets vor oder nach schwierigen Einsätzen der Spruch:

Einer für alle – alle für einen!

Am anderen Tag suchten die drei den Kampfplatz auf, um festzustellen, ob sie mit Erfolg ihren Krieg gegen die Wespen geführt hatten.

Und richtig – keine einzige lebende Wespe war noch zu sehen. „Wir werden jetzt mit einem dreifachen ‚Hurra‘ unseren Sieg feiern“, sprach Josef.

Wie gesagt und schon getan, erschallte das Hurrageschrei über die Kampfstätte hinweg.

Hanewaker

Ach, Sie kennen Hanewaker nicht? Hanewaker war lange, lange Zeit der Name einer Kautabak herstellenden Firma. Es gab früher kaum einen Bergmann oder Seemann, der nicht diesen Tabak kaute. In unserer nachfolgenden Geschichte spielt er ebenfalls eine führende Rolle.

Wir gehen in die Zeit zurück, wo die Fuhrunternehmen noch mit Pferd und Wagen ihre Ware auslieferten. Herr Zwitze, Besitzer mehrerer Sand- und Kiesgruben, belieferte mittels vierrädriger, hochbordiger Wagen die Baustellen mit Sand. Dazu benutzte er seine acht schweren Kaltblüter. Zu seinen Pferdeknechten zählte auch Wilhelm, um den es nachstehend geht.

Günter, der achtjährige Knirps, war oft Gast in einer der Sandgruben, wo er sich das Beladen der Wagen ansah. Waren diese voll, wurden sie eine Rampe hinauf von den Pferden gezogen, was für die Tiere, wenn der Sand sehr nass war, Schwerstarbeit war. Führte Wilhelm das Gespann, dann ging dies oft nur mit Gebrüll, Fluchen und Peitschenhieben auf die Pferderücken ab.

Das war dem kleinen Günter doch sehr zuwider und er wollte, bei passender Gelegenheit, Wilhelm dafür einen Streich spielen.

Einige Tage später, der Sandwagen von Wilhelm stand auf dem Hof und Wilhelm befand sich im Stall, um seine Pferde zu versorgen. Auf der Wagendeichsel war seine Jacke zurückgeblieben und Günter wusste, dass in einer der Taschen die Blechschachtel mit dem Kautabak untergebracht war. Das war die Gelegenheit! Er entnahm in großer Eile die Schachtel aus der Jacke, öffnete sie und gab einige Spritzer seines Urins auf den Kautabak. Dann goss er die überflüssige Wassermenge ab, schloss die Dose und gab sie in die Jacke zurück. Dann setzte er sich auf die Futterkiste und wartete auf die Dinge, die da kommen sollten.

Nun kam Wilhelm mit seinen zwei Pferden aus dem Stall, spannte sie vor den Wagen, zog die Jacke an und setzte sich auf den Bock. Günter wusste, dass Wilhelm, bevor er losfuhr, immer ein Stück von seiner Kautabakrolle abbiss und seine Miene Freude zeigte, bevor er mit seinem Wagen den Hof verließ.

So auch dieses Mal! Der Griff in die Tasche, das Öffnen der Schachtel, das Abbeißen des Tabaks – von Günter mit Spannung beobachtet – zeigte keine besondere Reaktion. Solch eine Enttäuschung für den Kleinen! Hatte er doch erwartet, dass Wilhelm das abgebissene Stück mit lautem Fluchen wieder ausspucken würde. Doch nichts war geschehen! Wilhelm fuhr vom Hof und Günter saß enttäuscht auf seiner Futterkiste.

Der Streich war nicht gelungen, wo er sich ihn so schön ausgedacht hatte!

August und August

Der Jahresausflug der Schüler des siebten und achten Jahrgangs unserer Dorfschule führte dieses Mal in den Zoo der nahegelegenen Regierungsstadt. Per Fahrrad fuhren Lehrer Leimann und seine 20 Schüler zum Zoo. Unter den Jungen befand sich auch August, der Sohn unseres Bäckers. Im Arm hielt er eine große Tüte voll alter Brotreste. Im Zoo ging es erst am großen Käfig der Adler und Geier vorbei. Dann ging es ins Affenhaus und danach wurden die Löwen besichtigt. August fragte voll Ungeduld: „Herr Lehrer, wann gehen wir denn nun endlich zum Elefanten?" Wollte er doch den Inhalt seiner Tüte loswerden. Jetzt standen alle Kinder vor dem Gehege des indischen Elefanten namens August, welcher aus Erfahrung wusste, wenn einer mit einer Tüte vor dem Elefantengehege stand, dass es für ihn eine extra Leckerei gab. Er bewegte sich zielstrebig auf den kleinen August zu, wo er von diesem so lange gefüttert wurde, bis die Tüte leer war. Der kleine August knüllte diese zusammen, hielt diese dem großen August vor den Rüssel, welcher dieser, in der Meinung, etwas Essbares bekommen zu haben, annahm. Er merkte jedoch schnell, dass dies nicht der Fall war und ließ sie auf den Boden fallen. Dann drehte er sich um, ging zum Elefantenhaus, versenkte seinen Rüssel in dem großen Wassertrog. Sicherlich, um das trockene Brot in seinem Magen anzufeuchten. Dann kam er wieder auf die Schülergruppe zurück, ging direkt auf Klein-August zu, hob seinen Rüssel und goss einen mächtigen Wasserstrahl über das Haupt von August. Dieser war nun nicht nur patschnass, sondern erntete auch noch den Spott seiner Mitschüler.

Inzwischen war der große August nach einem Rundgang durch sein Gehege mit durch den Sand schleifenden Rüssel zur Schülergruppe zurückgekehrt. Nun stand der große August vor dem kleinen August, hob noch einmal den Rüssel und warf aus diesem eine große Sandmenge auf den nassen August.

Das war nun doch für den kleinen August zu viel. Beleidigt drehte er sich um und beendete wortlos den Zoobesuch. Zu Hause angekommen, bekam seine Mutter keinen geringen Schreck als sie ihren Sohn derartig verschmutzt vor sich sah. Als ihr August erklärte, wie er zu diesem Aussehen gekommen war, sagte seine Mutter zu allem Übel noch den berühmten Satz, den die Kinder oft zu hören bekamen:

Quäle nie ein Tier zum Scherz – denn es fühlt wie du den Schmerz!

Unter uns Jungen lautete dieser Satz jedoch etwas ganz anders: Quäle nie ein Tier am Sterz – denn es könnte geladen sein! Was in diesem Fall auch wortwörtlich zutraf.

Die Spende

Große Freude herrscht im Dorf. Aus unserer kleinen Kapelle ist eine Kirche geworden – und zu Maria Lichtmess in drei Wochen erfolgt die Einweihung durch den Weihbischof.

Da das vorhandene Geld nur zum Kirchenbau reichte und gerade noch für den Altar und den Beichtstuhl, sollen vorerst die Gläubigen der Messe im Stehen beiwohnen. Um diesen Zustand abzuändern, hatte sich unser Pfarrer aufgemacht, um bei seinen Schäfchen das Geld für die Kirchenbänke zu erbitten. Mittlere und größere Summen wurden ihm von den Bauern zugesagt. Bei den Kleinbauern und den Köttern sprach er jedoch vergeblich vor.

Nun standen am Einweihungstag etliche neue Bänke, links und rechts wie üblich für Männlein und Weiblein getrennt, im Kirchenschiff.

Der Festtag begann zum Leidwesen aller mit Streit zwischen Bauern und Köttern um einen Platz in einer der Bänke.

Die Bauern als Spender wollten die, die nicht gespendet hatten, nicht in die Bankreihen lassen. Nun standen die Kleinbauern und Kötter während der Messe im Mittelgang. Am nächsten Sonntag hatten sich diese verabredungsgemäß entlang der Bänke und dicht gedrängt vor die erste Bank gestellt. Somit konnten die Bauern das Geschehen am Altar wohl hören, aber nicht sehen. Nach der Messe konnte man nur mit Mühe vor der Kirche ein Handgemenge zwischen Arm und Reich verhindern.

Der Krach führte sogar so weit, dass die Gaststätte im Ort

von den Bauern nicht mehr aufgesucht wurde, weil der Gastwirt sich auf die Seite der kleinen Leute stellte. Bei weiteren Messen drängten sich die jungen Leute der Nichtspender rücksichtslos zwischen die Bauern in die Bänke. Daraufhin ließen die Bauern vom Schreiner Türen an die Zugänge der Bänke anbringen. Diese wurden sogar mit Schlössern versehen. Jeder Bauer bekam einen Schlüssel für die Tür seiner Bankreihe. Dieser Zustand und der Streit zwischen Groß- und Kleinbauern hielt viele Monate an.

Als die Bewohner der umliegenden Orte immer mehr und immer lauter über diesen Streit lachten, kamen endlich Spender und Nichtspender zur Friedensversammlung zusammen.

Die Banktüren wurden abgebaut und alle Gläubigen konnten ab da der Messe sitzend und kniend in den Bänken beiwohnen.

Die nächste Generation im Dorf nahm das Verhalten ihrer Vorfahren von der humorvollen Seite, und somit ist die Geschichte in die Sammlung der Dönekes einbezogen.

Der Schützenkönig

Schinderassabum, schinderassabum, mit Trompeten, Pfeifen und Trommeltönen näherte sich der Zug der Schützenbrüder dem Festplatz. Am Rande des Platzes stand schon eine Schar von Zuschauern.

Unter ihnen die drei Freunde, die Dorfbengels. Es wäre ein Wunder gewesen, wenn die drei nicht unter den Zuschauern gestanden hätten. Am anderen Rand der Festwiese standen auf einem Tisch zwei hölzerne Bierfässer. Eines davon schon mit eingeschlagenem Zapfhahn. Daneben aufgestapelt eine Anzahl von Biergläsern. Vor dem Tisch, mit blütenweißer Schürze vor dem Bauch und auf die Schützen wartend, der Festwirt.

Jedes Jahr im Juni am zweiten Wochenende fand in unserem Dorf das Schützenfest mit dem Vogelschießen statt. Drei Gastwirte wechselten sich ab mit der Bewirtung der Schützen. In diesem Jahr fand das Vogelschießen auf der Wiese des Kronenwirtes statt.

Hoch auf der Stange sitzt ein prachtvoll anzusehender schwarzer Vogel. Er hatte die Flügel weit ausgebreitet, auf dem Kopf eine vergoldete Krone. Und in den Klauen, ebenfalls vergoldet, ein Schwert und einen Reichsapfel. Jetzt wartete er darauf, von den Schützen getroffen zu werden, solange, bis sein Körper, von der Kugel getroffen, zu Boden fiel. Der Schütze, der das geschafft hat, wird damit der Schützenkönig.

Der Zug erreichte die Festwiese. Dem Kommando des Schützenführers nach, stellten sie sich nacheinander mit dem geladenen Gewehr in Position, um auf den Vogel zu schießen. Der größte Teil der Schützen, nicht gewillt den Vogel zu treffen, schoss daneben. Für sie blieb es bei einem Schuss. Viel wichtiger war für sie das Biertrinken. Das Gewehr wurde mit einem Glas Bier gewechselt. Alle waren sehr durstig. Die Sonne hatte es gut mit der Feier gemeint. Es war sehr warm. Mehrere Gewehre lagen auf einem Seitentisch. Der Schützenmeister lud sie und gab jedem Schützen dann das Gewehr in die Hand. Er kommandierte auch das Abgeben eines jeden Schusses.

Einundvierzig Schützen hatten ihren Schuss abgegeben, jeweils mit einem lauten Knall. Sie wollten nicht Schützenkönig werden. Viele von ihnen hätten es sich auch nicht leisten können. Übrig geblieben waren drei, welche auch gemeinsam eine Jagd gepachtet hatten. Einer von ihnen war der dicke Josef, der älteste Sohn des Großbauern Kamphausen. Der Dicke wollte in diesem Jahr der Schützenkönig werden. Er war sich sicher, den Vogel von der Stange zu holen. Der Erste erhob das Gewehr, zielte und schoss. Der linke Flügel des Vogels fiel herab. Der Schütze holte sich ihn als seine Trophäe. Die Zuschauer jubelten. Der Zweite erhielt vom Schützenmeister sein Gewehr. Nach seinem Schuss fiel ein großer Teil des zweiten Flügels herab. Bei beiden Schützen zeigte das Gesicht des Dicken Schadenfreude. Jetzt erhielt er das Gewehr. Siegessicher schaute er sich in der Runde um. Er war sich sicher, dass er mit seinem Schuss den Vogel von der Stange holen wird. Er zielte, zog den Hahn durch, es knallte, der Vogel jedoch war nicht getroffen. Entgeistert schaute der dicke Josef zum Vogel hinauf. Das war doch unmöglich, dass er, sonst ein sicherer Schütze, den Vogel nicht getroffen hatte.

Dem Festtag voraus, bei einer Zusammenkunft des Schützenvorstandes, wo auch Josef dazu zählte, erklärte großsprecherisch und lautstark der Dicke: „Ich werde in diesem Jahr der Schützenkönig, da könnt ihr sagen, was ihr wollt.“ Erstaunt hatten die Anderen zugehört. Dass einer bestimmte, dass er Schützenkönig werden würde, das war nicht üblich. Gemeinsam wurde der König bestimmt. Die Anderen waren verärgert und planten, dem Dicken eins auszuwischen. Sie hatten vor, durch Fehlschüsse den Josef vor seinen Schützen und den Zuschauern lächerlich zu machen.

Es ging in die zweite Runde des Schießens zwischen den drei Übriggebliebenen. Die beiden Ersten hatten je einen Erfolg mit dem Abschießen der Krone und des Reichsapfels. Josefs Ärger wurde größer. Die schöne goldene Krone wollte er abschießen. Josef zielte dieses Mal genauer. Er war sich sicher, dass das der letzte Schuss sein würde, und dass er mit Herabfallen des Vogels der Schützenkönig sein würde. Es knallte. Der Vogel bewegte sich nicht. „Verdammt noch einmal, das kann doch nicht sein.“ Sein Gesicht hatte sich gerötet und der Schweiß rann ihm von der Stirn an den Wangen herunter und von seinem dicken Hals in den Hemdkragen. Er schaute zum Schützenmeister hinüber. Der schüttelte mit dem Kopf. Beim nächsten Schießen traten die beiden Kontrahenten nicht mehr an. Der Einzige, der noch schoss, war Josef. Zum dritten Schießen bekam er das Gewehr in die Hand. Er zielte etwas länger. Die Kugel verließ den Lauf und hatte ein weiteres Loch in die Luft geformt. Einige Zuschauer riefen schon: „Fehlschuss, Fehlschuss!“ Josefs Gesicht färbte sich noch dunkler vor lauter

Scham aufgrund seiner Fehlschüsse. „Was hast du vor, Josef? Erst willst du mit Gewalt Schützenkönig werden, jetzt schießt du laufend daneben. Soll das so weitergehen? Und wir haben in diesem Jahr keinen Schützenkönig?“, fragte mit Hohn in der Stimme der Schützenmeister. „Wenn du weiter nicht treffen kannst, dann nehmen wir die Schrotflinte und holen damit den Vogel von der Stange. Was ja nicht der Regel entspricht, doch irgendwie muss der Vogel ja herunter. Nun strenge dich mal an, Josef, oder hast du keine Lust mehr?“ Der Dicke schaute ihn wütend an.

„Keine Lust mehr, solch ein Blödsinn. Ich will weiter Schützenkönig werden.“

„Ja dann strenge dich mal an und hole ihn herunter.“ Josef gab seinen vierten Schuss ab, wieder daneben. „Jetzt hast du wieder danebengeschossen. Noch einen Schuss, wenn der wieder danebengeht, nehmen wir die Schrotflinte.“ Doch auch der nächste Schuss, der fünfte, ging daneben. Josef wurde abwechselnd rot und weiß im Gesicht. Alle schauten mit hämisch verzogenen Gesichtern zu Josef herüber.

„Schützenmeister, noch einen Schuss.“ Der Schützenmeister nickte. In dem nächsten Gewehr führte er eine echte Patrone ein. Aus allen anderen vorherigen war die Kugel entfernt worden. Die Gewehre knallten, doch ohne das Blei, ohne Treffer. Josef legte an, der Schuss kracht und der Vogel fiel von der Stange. Nicht nur Josef, auch seine Brüder und die Zuschauer, atmeten auf. Jetzt, wo der Vogel im Gras lag, riefen alle Hurra. Der Schützenmeister gratulierte dem Josef und rief ihn als Schützenkönig aus. Eine halbe Stunde später waren die

Bierfässer leer. Bis auf die drei Dorfbengel war die Festwiese leer geworden. Diese begaben sich auf die Suche nach den herabgefallenen Bleikugeln. Aus diesen wollten sie Bleisoldaten gießen. Sie fanden in dem Gras reichlich davon.

Was Schwierigkeit bereitete, war das Suchen einer Schützenkönigin. Die beiden Töchter vom Grashof waren die schönsten im Dorf. Sie hatten sich bisher als Schützenkönigin abwechselnd zur Verfügung gestellt. Doch in diesem Jahr weigerten sie sich beide. Schützenkönigin für den kleinen Dicken, das wollten sie nicht werden. Nach vielem Hin und Her erklärte sich die Frau des Schreinermeisters, die Königin zu werden. Zuhause hatten sich Josefs Eltern gedacht, wenn der Sohn erst Schützenkönig war, dann würde sich auch eine Braut für ihn finden lassen. Sie hatten sich jedoch vertan. Schützenkönig war er geworden, eine Braut jedoch bekam er nicht. Diese Königin war verheiratet.

Erfahren hatte Josef nie, dass man ihn hereingelegt hatte. Gehänselt wurde er jedoch oft, wenn die Schützen zusammensaßen und über seine Fehlschüsse sprachen.

Später fand sich dann doch noch eine Frau für ihn, eine kleine, runde wie er.

Verse

Störche

Störche, eine ganze Schar, stehen ernst im Kreise;

sie beraten feierlich ihre weite Reise.

Läuft ein Mädchen auf sie zu, hält dann an – verlegen!

Doch der eine wendet sich – Schreitet ihr entgegen!

Fröhlich springt sie da zurück, trippelt auf und nieder!

„Denk, Mama, der mich gebracht, kannte gleich mich wieder!“

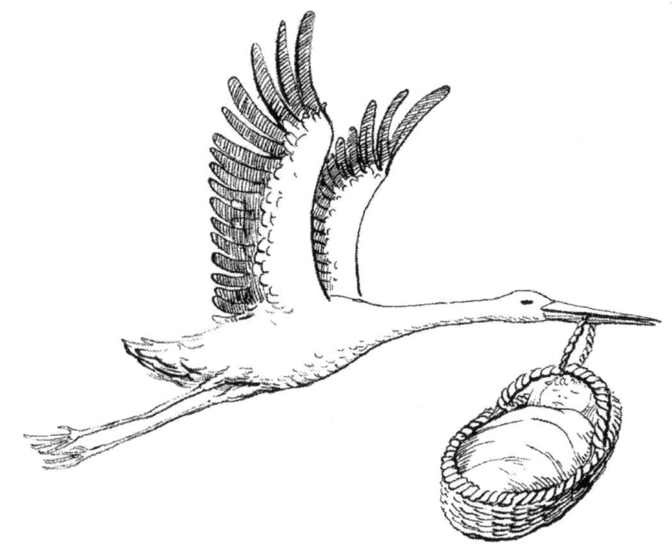